burda

Grillen

D1983969

Über 200 Rezepte für Gegrilltes, Flambiertes und Fondues

Pawlak

Lizenzausgabe 1989 für
Manfred Pawlak Verlagsgesellschaft mbH, Herrsching

Rezepte: burda-Kochstudio
Redaktion: Elisabeth Klapper
Fotos: burda-Fotostudio
Umschlaggestaltung: Bine Cordes, Weyarn
Umschlagfoto: Studio Teubner, Füssen
Printed in Italy
by Arti Grafiche VINCENZO BONA s.p.a.
ISBN: 3-88199-493-9

Vorwort

Dieses Buch enthält eine Sammlung von Spezialrezepten für Gegrilltes und Flambiertes sowie Fonduevorschläge und Saucenrezepte dazu.

Grillen wird zum großen Vergnügen, wenn die einfachen Grundregeln beachtet werden. Fondue-Parties machen Spaß, wenn man erprobt hat, wie wenig Arbeit sie machen und wie leicht man zum bewunderten Hobbykoch avancieren kann. Ein Fondue-Essen mit den Kindern wird zum Familienfest. Flambieren erscheint manchem als Zauberei. Dabei ist es so einfach. Allerdings muß man die wenigen aber wichtigen Zubereitungskniffe kennen. Die vielseitigen und fantasievollen Rezeptvorschläge in diesem Buch werden Sie davon überzeugen, daß Sie mit diesen raffinierten Neuerungen in der Zubereitung reiche Abwechslung in die tägliche Küche bekommen. Sie können Ihre Gäste verwöhnen, ohne sich selbst allzusehr zu strapazieren. Und zur Eßfreude kommt das Vergnügen des Hobbykochens.

Alle Rezepte sind – falls nicht anders angegeben – für 4 Personen berechnet und enthalten die Anzahl der Kalorien.

Inhalt

Anleitung zum richtigen Grillen

Holzkohlengrill:

Das Grillgut wird durch die Hitze der glühenden Holzkohle gegart. So wird der Grill angeheizt: Holzkohle einfüllen, die Oberfläche gleichmäßig mit Spiritus anfeuchten und mit langem Streichholz oder „Fidibus" aus Papier anzünden. Niemals darf Brennmaterial (Holzspäne oder Papier) verwendet werden, das starken Rauch entwickelt. Der Geschmack der Grilladen würde erheblich beeinträchtigt. Nach 15 bis 30 Minuten (je nach Wetterlage und Luftzug) ist die Holzkohle gut durchgeglüht. (Eventuell mit einer zusammengefalteten Zeitung oder einem Blasebalg „Wind" machen.) Wenn die Holzkohle außen grau aussieht, hat sie die größte Hitze erreicht. Wichtig: Beim Anzünden der Holzkohle muß die Spiritusflasche oder -paste vom Grill weit entfernt sein. Damit für alle Fälle vorgesorgt ist, sollte immer ein Eimer mit Wasser bereitstehen, um etwaige Flammen zu löschen. Was man unbedingt beim Hantieren mit dem Holzkohlengrill braucht: Feuerfeste Handschuhe, Grillzange und Spatel zum Wenden der Grilladen, einige Spießchen für Schaschlik und ein großes Brett mit Saftrinne samt Besteck zum Tranchieren größerer Braten. Beim Grillen ist zu beachten, daß der geölte Rost ganz heiß ist, um das Anhängen des leicht geölten Grillgutes zu vermeiden. Es darf nur wenig Öl verwendet werden. Tropft Fett in die Glut, züngeln Flammen hoch und die Oberfläche des Grillgutes verkohlt. Bei allen Garzeiten, die in den Holzkohlengrill-Rezepten angegeben sind, handelt es sich um Durchschnittswerte. Denn beim Grillen hängt die Garzeit ab von der Art und der Dicke des Grillgutes, vom Abstand des Rostes über der Holzkohle, von der Größe der Fläche, die die Hitze abgibt und von der Luftabkühlung. Die Faustregel lautet: Dünnes Grillgut kurz auf beiden Seiten in naher Entfernung der Hitze garen, dickes Grillgut erst kurz in nahe Entfernung bringen und dann in größerer Entfernung zur Glut langsam fertiggaren.

Infrarotgrill:

Das Grillgut wird bei hoher Strahlungshitze im vorgeheizten, geöffneten Grill unter Bräunen gegart. Diese Hitze ist erreicht, wenn die Stäbe rot glühen. Das Grillgut muß nicht, kann aber mit wenig Öl bestrichen werden. Bekommt das Fleisch sofort die richtige Hitze, dann schließen sich die Poren, es erhält eine Kruste, das heißt, die Eiweißstoffe gerinnen sehr schnell und schließen Fleischsaft und Aromastoffe ein. Das Fleisch wird also saftig und knusprig zugleich.

Kontaktgrill:

Bei diesem Grill erfolgt das Garen und Bräunen (oder auch nur Bräunen, wie zum Beispiel von Toast) bei unmittelbarer Hitzeeinwirkung. Dieser „Waffeleisen-Grill" ist für dünne Fleischstücke geeignet, die gleichzeitig von oben und unten gegrillt werden.

Grillpfanne:

Das Garen erfolgt durch einseitige unmittelbare Wärmeeinwirkung. Die Pfanne wird mit Öl eingepinselt und stark erhitzt, dann kommen die Fleischstücke hinein. Das Fleisch wird auf jeder Seite einmal längs und einmal quer gelegt: So entsteht durch den gerillten Boden der Pfanne ein schräges oder gerades Kreuzmuster.

Die Kunst des Flambierens

Flambieren ist einfacher als man glaubt, und keinesfalls nur der Geschicklichkeit des Fachmanns vorbehalten. Die erforderlichen Requisiten beim Flambieren sind: Ein Rechaud, eine langstielige Kupferpfanne, eine Suppenkelle aus Edelstahl und hochprozentiger Alkohol. Beim Flambieren am Tisch wird das fertige Gericht auf dem Rechaud kochendheiß gehalten. Die im Rezept angegebene Alkoholmenge gibt man portionsweise mit einem Löffel in die Pfanne. Zum Entzünden des Alkohols wird die Pfanne leicht schräg über die Flamme gehalten, damit diese hineinschlagen kann. Wenn Sie in der Küche auf dem Gasherd flambieren, lassen Sie das Gericht über der Flamme weiterkochen. Dann fügen Sie den Alkohol hinzu, halten die Pfanne schräg zur Flamme und lassen sie hineinschlagen. Beim Flambieren auf dem Elektroherd machen Sie folgendes: Das Gericht auf der heißen Platte kochend halten. Den Alkohol in der Suppenkelle über einer Kerzenflamme erwärmen, Kelle schräg halten und Flamme hineinschlagen lassen. Den brennenden Alkohol über das Gericht gießen und schnell servieren. Falls Sie lange Kaminstreichhölzer haben, können Sie auf Kerze und Kelle verzichten und den Alkohol sofort in der Pfanne anzünden. Auf keinen Fall jedoch ein normales, kurzes Streichholz dafür verwenden: Sie können sich die Fingerspitzen verbrennen. Niemals Alkohol in die brennende Masse gießen oder die geöffnete

Flasche in Flammennähe stellen. Es besteht Explosionsgefahr. Beim Flambieren immer die Flamme von selbst verlöschen lassen: Der Alkohol soll völlig verbrennen, nur das spezielle Aroma darf übrigbleiben und den Geschmack der Speisen veredeln.

Alkoholika, die sich zum Flambieren eignen, sind:

Rum, Whisky, Gin, Calvados, Weinbrand, Cognac, Aquavit, Obstschnäpse und (speziell für Süßspeisen) auch Liköre mit niedrigem Alkoholgehalt, die vor dem Entzünden jedoch erwärmt werden müssen. Und wenn Sie Ihren Gästen noch eine besondere Überraschung bieten wollen: Flambieren Sie die Speise in der Küche und tragen Sie sie brennend in das verdunkelte Zimmer. Das „Oh“ Ihrer Gäste ist Ihnen sicher.

Was man zum Fondue braucht:

Unerläßliches Zubehör beim Fondue sind: Das Rechaud mit offener Flamme (Spiritus oder Gas) oder ein elektrisches Rechaud, ein Fonduetopf (jeder Kochtopf ist geeignet), oder eine Fondue-Pfanne aus absolut feuerfester Keramik für Käse- und Schokoladenfondues und für jeden Teilnehmer je nach Art des Fondues ein bis zwei Fondue-Gabeln. In der Küche werden folgende Vorbereitungen getroffen: Je nach Rezept wird Öl erhitzt, Bouillon zubereitet oder die Käsemasse geschmolzen. Fisch, Fleisch, Gemüse oder Brot werden in mundgerechte Würfel oder Stücke geschnitten, Soßen angerührt, Getränke und Brot bereitgestellt. Am gedeckten Tisch versammeln sich dann alle Esser um den Topf, spießen die Happen auf Gabeln, garen sie in heißem Öl oder Brühe oder dippen sie in die jeweilige Masse.

Porterhouse Steak

(Rinderkotelett mit Lende)

Steak mit Cayennepfeffer oder Paprika bestäuben, mit 2 Eßlöffel Öl beträufeln, ca. 1 Stunde stehen lassen. Steak in einer geölten Grillpfanne auf jeder Seite ca. 8–10 Minuten grillen. Nach dem ersten Wenden auf der gegrillten Seite salzen, zum Schluß die andere Seite salzen. Dazu Kräuterbutter aus geschmeidiger Butter, gehackter Petersilie, Zitronensaft, Aromat oder Fondor servieren. Steaks mit gedünsteten Gemüsen garnieren. Als weitere Beilage paßt geschabter Meerrettich zum Porterhouse Steak.

4 Portionen à 500 Kalorien

1 Steak zu ca. 1–1,5 kg (aus dem Rinderrücken mit dem Filet geschnitten)
Cayennepfeffer
oder scharfer Paprika
4 Eßlöffel Öl
Salz, 50 g Butter
1 Teelöffel gehackte Petersilie
1/2 Teelöffel Zitronensaft
1 Löffelspitze Aromat oder Fondor
geschabter Meerrettich

Schinkensteaks mit Ananas

Schinkenscheiben halbieren, mit Senf bestreichen, auf geöltem Grillgitter heiß werden lassen und anrichten. Danach die Ananasscheiben in den heißen Grill legen, mit Zucker und Nelkenpulver bestreuen und kurz überbacken, bis der Zucker braun ist. Die Ananasscheiben auf dem Schinken anrichten. Den Bratensatz mit etwas Ananassaft loskochen, mit Ketchup verrühren und über die Steaks geben. Mit Kartoffelpüree und viel grünem Salat servieren.

4 Portionen à 480 Kalorien

2 ca. 1 cm dicke Scheiben gekochter Schinken
1 Teelöffel Senf
3 Eßlöffel Öl
2 oder 4 Scheiben Ananas
1 Teelöffel Zucker
1 Löffelspitze gemahlene Nelken
3 Eßlöffel Tomatenketchup

Chateaubriand mit Meerrettich

Fleisch entsehnen, salzen und pfeffern, mit Öl beträufeln. Grillpfanne mit Öl einpinseln, stark erhitzen. Chateaubriands hineinlegen, auf mittlere Hitze schalten, nach 1 Minute wenden, nach 5 Minuten wieder wenden und in weiteren 5 Minuten fertiggrillen. Fleisch in Scheiben schneiden und jede Scheibe mit geriebenem Meerrettich garnieren.

4 Portionen à 185 Kalorien

2 Stück Rinderfilet à 250 g
Salz, Pfeffer
1 Eßlöffel Öl
1 Eßlöffel frisch geriebener Meerrettich

Kalbsnüßchen „Café de Paris"

4 Portionen à 665 Kalorien

500 g Kalbsfilet, Pfeffer
Salz, 1 Eßlöffel Öl
1 Päckchen tiefgekühlte Pommes frites
Für die Kräuterbutter:
200 g Butter, 1/2 Bund gehackte Petersilie
1 Eßlöffel Zitronensaft
je 1 gestr. Teel. getrockneter Estragon und Thymian
je 1/2 gestr. Teel. Knoblauch- und Zwiebelpulver
1 Teel. Senf
1 Teel. Worcestersoße
Cayennepfeffer, Pfeffer
1 Teel. Weinbrand
4 Eßl. süße Sahne

Kalbsfilet entsehnen und in 8 Stücke schneiden. Die Nüßchen leicht klopfen, damit alle dieselbe Höhe haben. Pfeffern, salzen und mit Öl beträufeln. Nüßchen in der heißen Grillpfanne auf jeder Seite ca. 3 Minuten grillen. Inzwischen Pommes frites in der Pfanne mit wenig Fett erhitzen. Pommes frites und Kalbsnüßchen anrichten und „Café de Paris"-Butter auf dem Grillfleisch zerlaufen lassen.
Für die Kräuterbutter: Butter cremig rühren, Petersilie und den Zitronensaft dazugeben. Estragon und Thymian (oder Oregano und Basilikum), Knoblauch- und Zwiebelpulver zugeben. Außerdem Senf, Worcestersoße, Cayenne- und schwarzen Pfeffer, Weinbrand und Sahne unterrühren. Mit Salz abschmecken. Kräuterbutter zugedeckt 12 Stunden stehen lassen. Dann erst entwickelt sich ihr besonders gutes Aroma.

Mixed Grill mit Kräuterbutter

4 Portionen à 500 Kalorien

4 Scheiben Rinderfilet à 75 g, 4 Scheiben Kalbs- oder Schweinefilet à 75 g
4 Scheiben Kalbs- oder Rindernieren, Pfeffer
2 Frankfurter Würstchen
2 Scheiben Frühstücksspeck, Salz
Kräuterbutter insgesamt ca. 385 Kalorien

Fleisch und Nieren pfeffern. Würstchen und Speckscheiben halbieren. Grillpfanne erhitzen und Speckscheiben darin 1/2 Minute grillen. Zuerst Kalbslendchen und Würstchen 4 Minuten darin grillen, dann warm stellen. Filetscheiben und Kalbsnieren einlegen und diese ebenfalls 4 Minuten grillen. Dann leicht salzen und sofort servieren. Dazu in Scheiben geschnittene Kräuterbutter reichen. Beilage: Strohkartoffeln.
Für die Kräuterbutter: 1/2 Bund gewaschene, feingewiegte Petersilie, Kerbel oder Kresse mit 50 g geschmeidiger Butter, 1/2 Teelöffel Zitronensaft, Salz und gemahlenem schwarzen Pfeffer vermischen. In Pergamentpapier einrollen und ins Gefrierfach legen.
Für die Strohkartoffeln: 4 große, geschälte Kartoffeln mit der Schneidemaschine in 2 mm dünne Scheiben schneiden. Danach in dünne, lange Streifen schneiden. Streifen waschen, abgießen und abtropfen lassen. Im 175 Grad heißen Fettbad knusprig ausbacken, salzen.

Überbackene Truthahnschnitzel

4 Portionen à 350 Kalorien

4 tiefgekühlte Truthahnschnitzel à ca. 100 g
Salz, Pfeffer
3 Eßlöffel Öl
1/4 Dose Champignons
1 Teelöffel gehackte Kräuter (Petersilie, Kerbel etwas Thymian oder Oregano), 4 Käsescheiben
etwas scharfer Paprika oder schwarzer Pfeffer

Truthahnschnitzel nach Vorschrift auftauen. Danach salzen, pfeffern und mit Öl beträufeln. Truthahnschnitzel in stark erhitzter Grillpfanne auf beiden Seiten ca. 8 Minuten grillen. Champignons getrennt davon erhitzen, mit Kräutern vermischen. Die Schnitzel damit belegen, Käsescheiben daraufgeben, Pfanne mit dem Deckel verschließen und den Käse dadurch schmelzen lassen. Zuletzt etwas scharfen Paprika oder schwarzen Pfeffer darübergeben. Als Beilagen: Mitgegrillte Tomaten, Kartoffelpüree und Bratensoße aus Fertigprodukt zubereitet.

Gegrilltes Hähnchen mit verschiedenen Beilagen

4 Portionen à 470 Kalorien

2 Hähnchen, Salz, Pfeffer
2 Eßlöffel Butter oder Margarine, 1 Teelöffel milder Paprika
3 Eßlöffel Kondensmilch
1 Eßlöffel Öl

Hähnchen innen und außen salzen und pfeffern, dressieren, auf einem Spieß befestigen und im Backrohr oder im Grill 35 Minuten garen. Während des Grillens die Hähnchen zunächst mehrmals mit dem zerlassenen Fett bepinseln, zuletzt mit dem mit Paprika und Kondensmilch vermischten Öl bestreichen und kurz weitergrillen, bis sie goldbraun sind. – Zum gegrillten Hähnchen paßt gut die folgende warme Beilage. Bereiten Sie jedesmal anderes Gemüse dazu, so ergeben sich mehrere feine Hähnchenessen.

Grüne Bohnen mit Tomaten

4 Portionen à 145 Kalorien

4 Scheiben Räucherspeck
1 Zwiebel, 1 Teelöffel Butter oder Margarine
4 Tomaten, 1 Paket tiefgekühlte Bohnen (ca. 500 g), Salz, Pfeffer
etwas Bohnenkraut oder Thymian

Gewürfelten Speck mit Zwiebelwürfeln anbraten, Fett und die abgezogenen, entkernten und geviertelten Tomaten zugeben. Die Bohnen, Gewürze und ca. 1/2 Tasse Wasser zu den Tomaten geben und nach Vorschrift auf der Packung weich dünsten. Dazu passen Pommes frites oder Pommes chips.

Lammkoteletts mit Tomaten und grünen Bohnen

Fett von Fleisch und Knochen entfernen. Salz mit geschältem, zerdrücktem und zerriebenem Knoblauch, Pfeffer und Öl vermischen und die Lammkoteletts mit der Hälfte dieser Gewürzmischung einreiben. Den Stielansatz der Tomaten mit einem spitzen Messer entfernen. Die Oberfläche kreuzweise einschneiden und die übrige Gewürzmischung in die Einschnitte geben. Den geöffneten Grill etwa 5 Minuten vorheizen und das Grillgitter dabei miterhitzen. Dann die Koteletts und Tomaten auf das Grillgitter legen und so hoch wie möglich unter den Grillstäben einschieben. Die Koteletts insgesamt 6–7 Minuten grillen und zwischendurch einmal wenden. Tomaten und Lammkoteletts auf einer vorgewärmten Platte anrichten und warm halten. Die Bohnen mit der Flüssigkeit aus der Dose und Bohnenkraut oder Thymian erhitzen, abgießen, salzen und mit schwarzem Pfeffer würzen. Dann anrichten und mit brauner Butter übergießen.

4 Portionen à 960 Kalorien

8 Lammkoteletts
2 gestrichene Teelöffel feines Salz
1 Knoblauchzehe
schwarzer Pfeffer
4 Eßlöffel Öl
4 Tomaten
1/1 Dose Prinzeßbohnen (feine grüne Bohnen)
1 Zweig Bohnenkraut oder 1/2 gestrichener Teelöffel getrocknetes Bohnenkraut oder Thymian
1 Eßlöffel Butter

Tip: *Damit Sie in den vollen Genuß des feinen Lammgeschmacks kommen, sollten Sie die Lammkoteletts so heiß wie möglich servieren.*

Gegrillte Pfeffersteaks

Feingehackte Schalotten oder Zwiebel mit Weißwein und grünen Pfefferkörnern 3 Minuten kochen. Sahne und Weinbrand zugeben und kurz aufkochen lassen. Mit Instant-Bratensoße binden. Rumpsteaks mit Öl bestreichen. Grillpfanne einölen, erhitzen und die Steaks darin auf jeder Seite etwa 3 Minuten grillen. Gegrillte Seite nach dem Wenden salzen und mit einer Mischung aus Senf und mit der Gabel zerdrücktem grünen Pfeffer bestreichen. Anrichten, sogleich mit der Soße begießen. Dazu knusprige Pommes frites, Gemüse oder Salat reichen.

4 Portionen à 475 Kalorien

3 Schalotten oder 1 Zwiebel
1/8 l herber Weißwein
1 Teelöffel grüne Pfefferkörner
1/8 l süße Sahne
1 Eßl. Weinbrand, 3 Teel. Instant-Bratensoße
4 Rumpsteaks
1 Eßl. Öl, 1 Teel. Senf, 1 Teel. grüner Pfeffer, Salz

Schälrippchen vom Grill ▸

4 Portionen à 940 Kalorien

1,5 kg ungesalzene Schälrippchen, Salz, Pfeffer
Für die Soße: 2 Zwiebeln
1 Apfel, 2 Eßlöffel Öl
Saft von 2 Orangen und 2 Zitronen, 2 gehäufte Eßlöffel brauner Zucker
2 Eßlöffel Worcestersoße
2 Eßlöffel Senf
4 Eßlöffel Tomatenketchup

Fleisch salzen, pfeffern, mit der Hautseite nach oben auf das Grillgitter in die Grillpfanne legen. Auf der Mittelschiene (Abstand zu den Grillstäben etwa 15 cm) 30 Minuten grillen. Danach das Fleisch wenden und fertiggrillen. – Inzwischen die Soße zubereiten: Feingehackte Zwiebeln und Apfel in Öl 5 Minuten dünsten, Orangen- und Zitronensaft, Zucker, Worcestersoße, Senf und Tomatenketchup zufügen und 3 Minuten kochen. Schälrippchen mit dieser Soße bestreichen und noch 10 Minuten weitergrillen. Schälrippchen mit buntem Kartoffelsalat servieren.

Überbackene Schälrippchen

4 Portionen à 605 Kalorien

1 kg gepökelte Schälrippchen, 1 Zwiebel
1 Knoblauchzehe
1/4 Tasse Weinessig
1/2 Tasse Tomatenketchup
1 gestrichener Teelöffel Speisestärke, 1 gehäufter Teelöffel milder Paprika
1 gehäufter Teelöffel Zucker, 3 Äpfel

Schälrippchen im kochenden Wasser 45 Minuten ziehen lassen. Inzwischen Zwiebel und Knoblauchzehe schälen, fein hacken. Mit Weinessig, Tomatenketchup, Speisestärke, Paprika und Zucker verrühren. Die abgetropften Schälrippchen auf den Grillrost legen und während der Grillzeit (insgesamt ca. 25 Minuten) ab und zu mit der Gewürzsoße bepinseln.
Äpfel schälen, Kerngehäuse herausstechen und in Scheiben schneiden. Apfelscheiben neben dem Fleisch (etwa 8 Minuten) grillen oder in einer Pfanne braten. Oder die Apfelscheiben auf Sauerkraut gar dünsten lassen – das schmeckt ausgezeichnet zu den Schälrippchen und ist obendrein gesund.

Gegrillte Nieren

4 Portionen à 255 Kalorien

4 Schweinenieren
1/2 Glas Rotwein
2 Zwiebeln
1 Knoblauchzehe
1 Teelöffel Senf
Salz, 4 Scheiben Speck

Nieren längs halbieren. Die Stränge herausschneiden und Nieren in Rotwein, Zwiebelscheiben und zerriebenem Knoblauch ca. 30 Minuten marinieren. Danach gut abtropfen lassen, mit Senf bestreichen, salzen. Speck im Grill auslassen, im Fett Nieren ca. 6 Minuten grillen und herausnehmen. Die Zwiebelscheiben im Fett bräunen und die Nieren mit Speck und Zwiebeln anrichten. Als Beilage paßt Reis.

Hähnchen vom Grill mit Gemüse

4 Portionen à 430 Kalorien

4 halbe Hähnchen
Salz, Pfeffer, Öl
1 Gurke, 1/2 Dose Erbsen
1/2 Dose Karotten
Butter, gehackte Petersilie

Die halben Hähnchen ringsum salzen, pfeffern und mit Öl einpinseln. Die Gurke schälen, längs halbieren, die Kerne entfernen, salzen, eine Hälfte mit gesalzenem Gemüse füllen, die andere Hälfte darauflegen, fest in gebutterte Folie einschlagen und mit den Hähnchen zusammen auf dem Grill etwa 40 Minuten garen.

Gegrillte Hähnchenkeulen mit Champignons und Mais

4 Portionen à 500 Kalorien

1 kg tiefgefrorene Hähnchenkeulen
Salz, Pfeffer
2 Eßlöffel Öl
1 Teelöffel Butter
4 Scheiben durchwachsener Räucherspeck
1/4 Dose Champignons
1/2 Dose Maiskörner

Hähnchenkeulen nach Vorschrift auftauen, salzen, pfeffern, mit Öl beträufeln. Grillpfanne erhitzen, mit Öl ausstreichen, die Hähnchenkeulen hineinlegen und auf jeder Seite 4–5 Minuten angrillen und auf jeder Seite nochmals in weiteren 10 Minuten fertiggrillen. Die Hähnchenkeulen anrichten, mit den ebenfalls gegrillten Räucherspeckscheiben belegen, Butterflöckchen darübergeben und die getrennt erhitzten Champignons. Maiskörner getrennt erhitzen, salzen und pfeffern und zu den Hähnchenkeulen geben.

Kalte Hähnchen mit Curryzwiebeln

4 Portionen à 440 Kalorien

2 Hähnchen
Salz, Pfeffer, Curry
Kondensmilch
Edelsüß-Paprika
Für die Curryzwiebeln:
etwa 20 kleine Perlzwiebeln
1 Eßlöffel Butter oder Margarine
1/2 Teelöffel Curry
2–3 Eßlöffel Weißwein
2 große Äpfel
je 1 Prise Salz und Zucker

Hähnchen waschen, abtrocknen, innen und außen mit Salz, Pfeffer und Curry einreiben. Hähnchen im Grill in ca. 60 Minuten grillen. Dabei gegen Ende der Grillzeit mit Kondensmilch vermischtem Paprika bestreichen. Die Hähnchen herausnehmen, kalt werden lassen und vierteln. Zum Servieren auf einer Platte mit Salatblättern anrichten.

Dazu Curryzwiebeln servieren: Zwiebeln in Butter andünsten, mit Curry und Salz bestreuen und mit Weißwein ablöschen. Äpfel schälen, zu den Zwiebeln reiben, sofort umrühren, mit Salz und Zucker abschmecken und langsam fertiggaren.

Gegrillte Putenleber ▶ mit würzigem Curryreis

Putenleber waschen, abtrocknen und in Scheiben schneiden. 1 Stunde (oder auch länger) in die Milch legen. 1 Teelöffel Öl in einen Topf geben, mit Currypulver und Reis verrühren, die nach Vorschrift zubereitete Hühnerbrühe zugeben, salzen, aufkochen lassen und zugedeckt 20 Minuten dünsten. Inzwischen Zwiebeln und Äpfel schälen, Kerngehäuse aus den Äpfeln ausstechen und beides in Scheiben schneiden, etwas mit Öl beträufeln und in der Grillpfanne gelb dünsten. Aus der Pfanne nehmen und auf einer Platte warm stellen. Die Leber aus der Milch nehmen, mit Küchenkrepp abtupfen, pfeffern, mit wenig Öl bestreichen und auf jeder Seite etwa 2 Minuten grillen. Danach die Leber leicht salzen und auf dem mit einer Gabel gelockerten Reis anrichten. Mit Apfel- und Zwiebelscheiben belegen. Grünen Salat dazu reichen. (Foto folgende Seite oben)

4 Portionen à 400 Kalorien

375 g frische Putenleber
1/8 l Milch
2 Eßlöffel Öl
1 gestrichener Teelöffel Curry
1 Tasse Langkorn-Reis
2 Tassen Hühnerbrühe (aus Würfel), Salz
2 Zwiebeln, 2 Äpfel
etwas Pfeffer

Tip: *Durch Einlegen in Milch wird Leber heller und zarter. Wenn Sie sie erst nach dem Grillen salzen, bleibt Leber weich und zergeht auf der Zunge.*

Gegrilltes Hähnchen mit Teufelsoße ▶

Hähnchen vom Rücken her aufschneiden und Rückgrat entfernen. Hähnchen klopfen, salzen und pfeffern. Grillpfanne einölen, erhitzen. Geflügel auf beiden Seiten goldgelb grillen. Danach im vorgeheizten Backofen bei 225 Grad noch 25 Minuten garen. Für die Soße: Zwiebel schälen, fein hacken, mit grobgemahlenem Pfeffer und Rotwein 3 Minuten kochen. Tomatenmark, Soßenpulver und Cayennepfeffer zugeben und Soße abschmecken. Gegrilltes Hähnchen mit Zitronenspalten, Grillsoße, Pommes frites und gegrillten Tomaten servieren. (Foto folgende Seite unten)

4 Portionen à 400 Kalorien

1 Hähnchen (ca. 1000 g)
Salz, Pfeffer
2 Eßlöffel Öl
Für die Soße: 1 Zwiebel
1 Teelöffel grobgemahlener schwarzer Pfeffer
1/4 l Rotwein
1 Eßlöffel Tomatenmark
2 Teelöffel Instant-Bratensoße, Cayennepfeffer

◂ *Grillente mit Orangensoße*

4 Portionen à 1080 Kalorien

1 Ente, Salz
gemahlener weißer Pfeffer
2 ganze und Saft von 2 weiteren Orangen
2 gehäufte Eßlöffel Zucker
1/2 Tasse Weinessig
1/8 l Weißwein
1 Teelöffel Speisestärke
2 Likörgläser Grand Marnier (Orangenlikör)

Ente innen und außen salzen und pfeffern. Auf Drehspieß stecken und ca. 1 Stunde grillen. Schale von 1 Orange in Streifen schneiden, Fruchtfleisch filieren. Für die Garnitur: 1 Orange mit der Schale in Scheiben schneiden. Zucker in kleinem Topf gelb werden lassen, Orangensaft, Weinessig, Orangenstreifen und Wein zugießen und 5 Minuten kochen. Mit angerührter Speisestärke binden. Mit Grand Marnier abschmekken, eventuell noch etwas Salz und gemahlenen Pfeffer dazugeben. Fett von der gegrillten Ente abgießen. Bratensaft in die Soße geben. Ente anrichten und mit Orangenfilets und Orangenscheiben garnieren. – Als Beilagen grüne Erbsen und Kartoffelkroketten (aus Krokettenpulver zubereitet und mit gehobelten Mandeln paniert) sowie die Soße servieren. (Foto vorhergehende Seite oben)

Gegrilltes Hähnchen schnelle Art

4 Portionen à 370 Kalorien

1 Hähnchen
Salz, 1 Teelöffel Senf
4 Scheiben Speck
2 Eßlöffel Tomatenmark
4 Tomaten

Rückgrat des vorbereiteten Hähnchens herausschneiden und das Geflügel flach klopfen, salzen und mit Senf bestreichen. Die Speckscheiben im Grill auslassen, das Hähnchen auf zwei Speckscheiben in den Grill legen, mit dem restlichen Speck bedecken und im geschlossenen Gerät in ca. 20 Minuten garen. Nach etwa 8 Minuten die gesalzenen Tomaten mitgrillen.

◂ *Grillhähnchen*

4 Portionen à 600 Kalorien

2 tiefgekühlte Hähnchen
2 Eßlöffel Butter oder Margarine
Salz, Pfeffer
1/2 Teelöffel Aromat oder Fondor
1/2 Teelöffel Paprika
etwas Zwiebelsalz

Hähnchen auftauen lassen, Innereien herausnehmen, Hähnchen waschen und abtrocknen, auf einen Spieß stecken. Fett zerlassen, Gewürze darin verrühren und die Hähnchen mit dieser Mischung bestreichen. Unter dem Grill ca. 45 Minuten garen, dabei mehrmals mit dem herabtropfenden Fett bepinseln.

Garprobe: Die Flügel müssen sich leicht lösen lassen. Als Beilagen werden Pommes frites oder Pommes chips, verschiedene Salate und Tomatenketchup oder Schaschliksoße serviert. (Foto vorhergehende Seite unten)

Gegrillte Schinkensteaks mit Rührei

Schinkenscheiben pfeffern und halbieren. Schinken und Grillpfanne mit Öl bepinseln. Pfanne erhitzen, die Steaks hineinlegen, 1 Minute grillen, dann etwas versetzen und noch 1 Minute grillen. (So entsteht das Kreuzmuster!). Die andere Seite ebenso braten. Eier, Kondensmilch und etwas Muskat verquirlen, in erhitzte Butter geben und Rühreier bereiten. Geschälte Zwiebelwürfel in Margarine hell dünsten. 1/2 Tasse Wasser dazugießen, 1 Minute kochen, Erbsen, Zucker und Salz hinzufügen. Gar dünsten und zu den Steaks mit den Rühreiern, Bratkartoffeln und Brot servieren.

4 Portionen à 460 Kalorien

2 dicke Scheiben magerer, gekochter Schinken à 150–200 g
schwarzer Pfeffer
1 Teelöffel Öl, 2 Eier
2 Eßlöffel Kondensmilch
Muskat, 1 Eßl. Butter
1 Zwiebel
1 Eßlöffel Margarine
1 Paket tiefgekühlte Erbsen (450 g)
1 Prise Zucker, Salz

Steaks vom Grill

Filetsteaks salzen und pfeffern. Tomaten oben kreuzweise einschneiden und mit Salz und Pfeffer bestreuen. Tomaten einzeln in Folie wickeln und mit den Steaks zusammen (insgesamt 10–15 Minuten) auf dem Grillrost garen. Kurz vor Beendigung der Garzeit die Steaks mit dem Tomatenketchup oder Senf bestreichen.

4 Portionen à 190 Kalorien

4 Filetsteaks (Rind, Kalb, Schwein), Salz, Pfeffer
4 Tomaten, Tomatenketchup oder Senf
Aluminiumfolie

Gegrillte Kalbskoteletts mit Artischockenherzen

Kalbskoteletts mit Salz, Pfeffer und Basilikum würzen, mit Öl beträufeln und etwa 1 Stunde marinieren lassen. Grillpfanne erhitzen, leicht einölen und die Koteletts darin von jeder Seite etwa 4 Minuten grillen. Oder im vorgeheizten Grill von jeder Seite ebenfalls ca. 4 Minuten garen. In der Zwischenzeit die Artischockenherzen abgießen, halbieren und in der Artischockenflüssigkeit erhitzen. Die Sahne mit Eigelb und Speisestärke verquirlen, zu den Artischocken rühren und einmal kurz aufkochen. Das Gemüse abschmecken und zu den Kalbskoteletts servieren.

4 Portionen à 460 Kalorien

4 Kalbskoteletts (à 175 g)
Salz, Pfeffer
1/2 Teelöffel Basilikum
3 Eßlöffel Öl
1 große Dose Artischockenherzen
1/8 l süße Sahne
2 Eigelb
1 gehäufter Teelöffel Speisestärke

Pikante Hawaii-Steaks

4 Portionen à 280 Kalorien

4 Kalbssteaks à 100 g
Salz, Pfeffer, Mehl
2 Eßlöffel Öl, 2 Tomaten
4 Käsescheiben
4 Ananasscheiben
1 Teelöffel Edelsüß-Paprika
2 Teelöffel Senffrüchte
oder kandierte
Orangenscheiben

Steaks salzen, pfeffern, in Mehl wenden. Steaks im heißen Öl in der Grillpfanne auf jeder Seite 3 Minuten braten. Tomaten halbieren, pfeffern, in Mehl wenden und auch braten. Steaks mit Käse- und Ananasscheiben belegen. Bei geschlossener Pfanne Käse schmelzen lassen. Mit Paprika bestäuben und mit Tomaten und Senffrüchten oder kandierten Orangen und Petersilie belegen. Steaks auf körnig gekochtem Reis anrichten und Currysoße (Fertigprodukt) dazu reichen.

Kalbssteaks „Cherry"

4 Portionen à 280 Kalorien

4 Kalbssteaks, Salz
Pfeffer, Mehl
2 Eßlöffel Öl, 1 Banane
1 Likörglas Kirsch-
(Cherry-)likör
1/2 Weinglas Weißwein
1/4 Dose Sauerkirschen
1 Teelöffel Zucker
2 Eßlöffel Essig
1 Löffelspitze Zimt
1/2 Teelöffel Streuwürze
1 Teelöffel Speisestärke

Kalbssteaks waschen, abtrocknen, salzen, pfeffern und in Mehl wenden. Im heißen Öl auf jeder Seite etwa 4 Minuten braten, herausnehmen und auf einer vorgewärmten Platte warm stellen. Banane in Scheiben schneiden, im selben Fett braten und um die Steaks legen. Bratensatz mit Kirschlikör, Weißwein und Sauerkirschsaft verkochen. Kirschen, Zucker, Essig, Zimt und Streuwürze hineingeben. Speisestärke mit etwas Weißwein verquirlen und die Soße damit binden. Soße über die Kalbssteaks gießen. Dazu Käsenocken und Salatherzen in Sahne reichen.

Für die Käsenocken: $^1/_4$ l Wasser, 50 g Butter oder Margarine, 1 Prise Salz und etwas Muskat aufkochen. 125 g Mehl auf einmal hineinrühren und wie bei Brandteig zu einem Kloß abrühren. 2 Ecken Sahne-Schmelzkäse unterrühren, danach einzeln 3 Eier dazugeben. Zuletzt 2 gehäufte Eßlöffel Kartoffelpüreepulver oder 3 gehäufte Eßlöffel Kartoffelpüreeflocken untermischen. Von dieser Masse mit einem Teelöffel Nocken abstechen und im 180 Grad heißen Fettbad backen. Auf Küchenkrepp abtropfen lassen.

Für die Salatherzen in Sahne: 2 Salatköpfe waschen, abtropfen lassen. Blätter bis auf die Herzen abtrennen. Herzen halbieren, $^1/_8$ l saure Sahne mit Salz, Pfeffer und 1 Prise Zucker abschmecken. Je 2 Salatblätter auf Schälchen anrichten, je $^1/_2$ Salatherz und Orangenfilets darauflegen. Die Sahnesoße darübergießen.

Gegrillte Kalbssteaks

4 Portionen à 150 Kalorien

4 Kalbssteaks à 100 g
etwas Zartsalz
oder Fleischweichmacher
Pfeffer, 2 Eßlöffel Öl

Fleisch rundherum gleichmäßig mit wenig Zartsalz oder Fleischweichmacher und Pfeffer bestreuen. Etwa 1 Stunde liegen lassen und dann auf jeder Seite einölen. Die Grillpfanne einölen, erhitzen, die Steaks hineinlegen und auf jeder Seite etwa 3 Minuten braten – dabei auf jeder Seite versetzen, damit die Kalbssteaks ein hübsches Muster bekommen. Zum Kalbssteak feine Gemüse, frische Salate und Pommes frites servieren. Gut schmecken auch Champignons.
Champignons: 250 g Champignons waschen und in Scheiben schneiden. In etwas Butter 2 Minuten braten, salzen und pfeffern. Mit Zitronensaft oder Weißwein abschmecken und etwas süße Sahne zufügen.

Würzige Kalbssteaks vom Grill

4 Portionen à 115 Kalorien

4 Scheiben Kalbsfilet
(à 130 g),
Rosenpaprika
Pfeffer
1/2 Teelöffel Öl
Salz, 1 Zitrone

Fleisch von beiden Seiten mit Rosenpaprika und Pfeffer bestreuen und mit Öl einpinseln. Möglichst hoch in den vorgeheizten Grill schieben und jede Seite im offenen Gerät 6–8 Minuten grillen. Zum Wenden eine Zange (keine Gabel!) nehmen und das Fleisch zuletzt leicht salzen. Mit Zitronenschnitzen servieren.

Kalbssteaks mit Pfirsichen

4 Portionen à 500 Kalorien

4 Kalbsteaks
Salz, Pfeffer, Mehl
etwas Butter
4 Pfirsichhälften
2 Ecken Frischkäse
scharfer Paprika
Saft von 1/2 Zitrone
4 Eßlöffel Kondensmilch
1 Beutel Kartoffelpüreepulver, 2 Eier, Backfett

Kalbssteaks salzen, pfeffern, in Mehl wenden und in Fett braten. Pfirsichspalten in etwas Fruchtsaft erhitzen und die Steaks damit garnieren. Den Frischkäse mit Paprika, Zitronensaft und Kondensmilch verrühren und als Soße über die Pfirsichspalten geben. Aus Kartoffelpüreepulver, mit $^3/_8$ l Wasser, Butter und dem Eigelb nach Vorschrift auf der Packung eine Krokettenmasse bereiten, davon Kugeln formen, diese in Mehl, Eiweiß und nochmals in Mehl wenden und im heißen Fett bei 180 Grad goldbraun backen.

Kalbssteaks mit Kartoffeln

Die geschälten Kartoffeln vierteln, in Salzwasser weich kochen, abgießen und in der Backröhre ausdämpfen lassen. Kartoffelwasser mit Fett aufkochen lassen, würzen und auf einmal das gesiebte Mehl dazugeben. Den Teig rühren, bis sich die Masse vom Topfboden löst, vom Feuer nehmen und 2 Eier zum Teig rühren. Die durchgepreßten Kartoffeln mit dem Brandteig vermischen, kleine Klößchen abstechen und im 180° heißen Fett schwimmend ausbacken. Kalbssteaks mit Öl bestreichen, salzen und pfeffern und in der Grillpfanne auf jeder Seite ca. 4 Minuten grillen, herausnehmen, warm stellen und in der Pfanne noch etwas Margarine zergehen lassen, feingewürfelte Zwiebel anschwitzen, die entkernten, abgezogenen und gewürfelten Tomaten sowie die halbierten Oliven dazugeben, mit Salz, Pfeffer und Zucker würzen, alles kurz schmoren lassen und über die Kalbssteaks geben. Mit gehackter Petersilie überstreuen.

4 Portionen à 565 Kalorien

4 Kalbssteaks
2 Eßlöffel Öl
Salz, Pfeffer
30 g Margarine
1/2 Zwiebel
4 Tomaten
8 Oliven
1 Prise Zucker
Petersilie
Für die Kartoffeln:
500 g Kartoffeln
1/8 l Kartoffelwasser
1 Eßlöffel Margarine
Salz, Pfeffer
Muskatnuß
80 g Mehl
2 Eier
Fett zum Ausbacken

Spanferkel

Ferkel entborsten, ausnehmen (Leber zurückbehalten), waschen und einen Tag kühl abhängen lassen. Beim Ausnehmen darauf achten, daß nur ein Teil der Bauchunterseite aufgeschlitzt wird, damit nach dem Füllen nicht zuviel genäht werden muß. Das Fleisch innen und außen salzen und pfeffern und innen mit gehackten Schalotten und dem Weinbrand würzen. Gewürfelten Speck mit gehackter Zwiebel anschwitzen, kleingewürfelte Leber zugeben, nur leicht anbraten und mit dem ausgedrückten Bratwurstbrät, den eingeweichten und ausgedrückten Brötchen, Eiern, Salz, Pfeffer, Thymian und gehackter Petersilie vermischen. Diese Masse in das Spanferkel füllen, gut zunähen, die Beine einknicken und Ohren und Schwanz mit Alufolie umwickeln. Über dem Holzkohlengrill unter ständigem Drehen in ca. 4 Stunden grillen (nach guter Bräunung mit Alufolie umwickeln) oder im Backofen 2 Stunden vorbraten und zuletzt überm Holzkohlengrill in etwa 1 Stunde fertig garen.

12 Portionen à 960 Kalorien

1 Spanferkel (ca. 5 kg)
Salz, Pfeffer
5 Schalotten
2 Likörgläser Weinbrand
150 g Räucherspeck
1 Zwiebel
2 Paar rohe Bratwürste
3 altbackene Brötchen
2 Eier, Salz, Pfeffer
Thymian, Petersilie
2 Tassen Öl
1 Flasche dunkles Bier

Gegrillter Schweinerücken mit Ananas

4 Portionen à 550 Kalorien

500 g Schweinerücken
Salz, Pfeffer
3–4 Lorbeerblätter
Nelken, 1/2 Dose Ananasscheiben
2 Eßlöffel Tomatenketchup
3 Eßlöffel Öl

Schweinerücken mit Salz und Pfeffer einreiben, mit Lorbeerblättern und Nelken spicken und im Grill oder am Spieß ca. 35 bis 40 Minuten grillen. Dabei mit einer Mischung aus Tomatenketchup, 2 Eßlöffel Ananassaft und Öl mehrmals bestreichen. Die gut abgetropften, mit Nelken gespickten Ananasscheiben ebenfalls unter dem Grill erhitzen und zu dem Schweinerücken servieren. Als weitere Beilagen: Kartoffelpüree und verschiedene Gemüsesorten.

Tip: *Herzhafter, mit einer leicht säuerlichen Note, schmeckt dieses Gericht, wenn Sie bei der Zubereitung frische Ananas verwenden.*

Filetsteaks mit Sauce Béarnaise

4 Portionen à 570 Kalorien

500 g Kalbsfilet
Pfeffer, Salz, 1 Eßlöffel Öl
Für die Sauce Béarnaise:
200 g Butter oder Margarine, 1 Schalotte oder 1 kleine Zwiebel
1 Teelöffel weiße Pfefferkörner, je 4 Eßlöffel Kräuteressig und Weißwein, 2 Eigelb
2–3 Eßlöffel Estragonessig
etwas frischer feingehackter Kerbel oder Estragon
1 Prise Cayennepfeffer

Kalbsfilet entsehnen und in 4 Stücke schneiden. Fleisch leicht klopfen, damit alle dieselbe Höhe haben. Pfeffern, salzen und mit Öl beträufeln. In der heißen Grillpfanne auf jeder Seite ca. 4 Minuten grillen. Für die Sauce Béarnaise: Butter oder Margarine zerlassen und von der Kochstelle nehmen. Feingehackte Schalotte oder Zwiebel, zerdrückten Pfeffer, Essig und Wein ca. 1 Minute kochen, durch ein Sieb in einen Topf gießen, Eigelb zufügen und Topf ins kochende Wasserbad stellen. Die Soße kräftig mit dem Schneebesen schlagen, bis sie feinschaumig ist. Soße aus dem Wasserbad nehmen und das warme, nicht heiße Fett hineinrühren. Dabei die Molke zurücklassen. Estragonessig unter die Soße schlagen, Kräuter zufügen und mit Cayennepfeffer abschmecken. Diese Soße nicht lange stehen lassen, sondern sofort nach der Zubereitung servieren. Als Beilagen zu den Filetsteaks Pommes frites und feine grüne Erbsen reichen.

Grillkoteletts

4 Portionen à 560 Kalorien

4 Schweinekoteletts
Salz, 2 Eßlöffel Olivenöl
1 Zwiebel
1 Knoblauchzehe
1 Eßlöffel milder Paprika
1/2 Teelöffel Curry
6 Eßlöffel Tomatenketchup
1/2 l Fleischbrühe (Würfel)
1 Lorbeerblatt
1 Löffelspitze Thymian

Schweinekoteletts salzen, etwas einölen und im Grill auf jeder Seite ca. 5 Minuten grillen. Im erhitzten Öl Zwiebelwürfel gelblich andünsten, mit zerdrücktem Knoblauch, Paprika und Curry verrühren, Ketchup, Fleischbrühe, Lorbeerblatt und Thymian zugeben und 5 Minuten durchkochen. Die gegrillten Koteletts in der Soße einige Minuten ziehen, aber nicht kochen lassen. Beilagen: Reis mit gedünsteten Champignons, Erbsen, Kartoffelpüree oder Teigwaren mit Salaten.

Tip: *Soll die Soße, in der die Grillkoteletts ziehen, mild sein, verzichten Sie auf Curry. Wichtig ist, daß milder Paprika verwendet wird.*

Kräuter-Schweinekoteletts

4 Portionen à 450 Kalorien

4 Schweinekoteletts
Pfeffer, je 1 Teelöffel
Edelsüß-Paprika,
Estragon und Rosmarin
1 Bund Kräuter (Salbei,
Thymian, Petersilie)
1 Zitrone, 4 Eßl. Öl

Koteletts 2 Tage vor dem Grillen marinieren: Koteletts in Schüssel legen und mit Pfeffer, Edelsüß-Paprika, Estragon und Rosmarin einreiben. Darauf Kräuter und Zitronenscheiben geben. Mit Öl übergießen und zugedeckt im Kühlschrank 2 Tage lang marinieren. Danach die Kräuter sorgfältig entfernen. Koteletts auf beiden Seiten ca. 4–5 Minuten grillen, salzen und mit Tomatenketchup bestreichen.

Schweinekoteletts aus dem Grill

4 Portionen à 600 Kalorien

4 Schweinekoteletts
Salz, 2 Eßlöffel Öl
1 kleine Dose
Ananasscheiben (500 g)
1 Zwiebel
1 Knoblauchzehe
1/3 Tasse Tomatenketchup
2 Eßlöffel Weinessig
1 Teelöffel Worcestersoße

Schweinekoteletts salzen und mit Öl einpinseln. Abgetropfte Ananasscheiben mit den Koteletts auf ein Drahtgitter legen und unter den glühenden Grillstäben auf jeder Seite 3 Minuten grillen. Inzwischen feingehackte Zwiebel und Knoblauch mit Tomatenketchup, Weinessig und Worcestersoße mischen. Die Koteletts damit einpinseln und nochmals auf jeder Seite 2 Minuten rösten. Dazu schmecken gebratene Kartoffeln oder kräftiges Mischbrot und Rotkrautsalat.

Schweinekoteletts mit Äpfeln

Schweinekoteletts salzen, pfeffern und mit 1 Eßlöffel Öl beträufeln. Grillpfanne erhitzen, einölen und die Schweinekoteletts auf jeder Seite etwa 6–7 Minuten grillen. Die Äpfel schälen, entkernen, in Achtel schneiden. Butter leicht bräunen, Äpfel zugeben, mit Zucker überstreuen und anbraten, zuletzt Zitronensaft beifügen. Schweinekoteletts mit den Äpfeln garnieren. Als Beilagen Kartoffelpüree und Salate reichen, außerdem eine aus Soßenpulver extra bereitete Bratensoße.

4 Portionen à 570 Kalorien

4 Schweinekoteletts
Salz, Pfeffer
2 Eßlöffel Öl
3–4 Äpfel
1/2 Eßlöffel Butter
oder Margarine
1 Löffelspitze Zucker
Saft von 1/4 Zitrone

Gefüllte Jägersteaks

Champignons blättrig schneiden. Meerrettich reiben, Rosinen, Paprikaschote und Petersilie fein hacken und alles mit zerstoßenem Majoran und Koreander vermengen. Die besondere Würze gibt ein kräftiger Schuß Kräuterlikör. Wem die Füllung so zu scharf ist, kann noch etwas süße Sahne unterziehen.
In die Filetsteaks vom Fleischer „Taschen“ zum Füllen schneiden lassen. Steaks füllen, Farce dabei mit einem Teelöffel so weit wie möglich hineinschieben. Gefüllte Steaks nicht mit Zahnstocher verschließen, sondern zusammendrücken. Im vorgeheizten Grill auf der mittleren Schiene auf jeder Seite ca. 4 Minuten grillen.

4 Portionen à 195 Kalorien

1 Dose Champignons
(200 g)
Meerrettich
Rosinen
1 Paprikaschote
Petersilie
Majoran
Koreander
Kräuterlikör
4 Filetsteaks

Filetsteaks mit Sherry-Champignons

Filetsteaks salzen, pfeffern, mit Öl beträufeln und 1–2 Minuten stehen lassen. In einer Grillpfanne auf jeder Seite ca. 4 Minuten braten und herausnehmen. Fett in die Pfanne geben, die Champignons in Scheiben schneiden und hell anschwitzen, mit Sherry ablöschen, einkochen und die Bratensaftwürfel mit der nötigen Menge Wasser zufügen und um die Hälfte einkochen lassen. Die Filetsteaks mit dieser Soße übergießen oder Soße extra reichen. Sie können auch Artischockenböden mit den Filetsteaks braten und die Soße hineinfüllen. Anrichten und sofort servieren.

4 Portionen à 500 Kalorien

4 Filetsteaks, Salz
schwarzer Pfeffer
3 Eßlöffel Öl
2 Eßlöffel Butter
oder Margarine
1/2 Dose Champignons
3 Likörgläser Sherry
2 Würfel Bratensaft
eventuell Artischockenböden (aus der Dose)

Gegrillte Kalbssteaks „Florentine" ▸

4 Portionen à 280 Kalorien

4 Kalbssteaks à 125 g
Pfeffer, 2 Eßlöffel Öl
1 kg Spinat, 2 Zwiebeln
1 Teelöffel Butter
oder Margarine, Muskat
1 Teelöffel Aromat
oder Fondor, Salz
1/4 Dose Morcheln
2 Eßlöffel saure Sahne

Steaks pfeffern und in Öl legen. Spinat putzen und waschen. Zwiebelwürfel in Fett 5 Minuten hell dünsten. Die Hälfte der Zwiebeln in einen großen Topf geben, 1/2 Tasse Wasser, Spinat, Muskat, Aromat oder Fondor beifügen und zugedeckt 5 Minuten dünsten. Steaks in erhitzter Grillpfanne auf jeder Seite ca. 4 Minuten grillen, zuletzt salzen. Auf gut abgetropftem Blattspinat anrichten. Morcheln mit Brühe und den restlichen Zwiebeln dick einkochen. Sahne zuletzt unterrühren. Steaks mit der Morchelsoße übergießen. Dazu Kräuterreis reichen: 1 Tasse Langkorn-Reis mit 1 Eßlöffel Öl in einen Topf geben, verrühren. Mit 2 Tassen kochender Fleischbrühe (Würfel) auffüllen, aufkochen und bei gedrosselter Hitzezufuhr 18 Minuten zugedeckt garen. 1 Bund frisch gehackte Kräuter (Kerbel oder Petersilie) locker unter den Reis mischen.

Gegrillte Leber mit Pfirsichen ▸

4 Portionen à 375 Kalorien

4 Scheiben Kalbsleber
Salz, Paprika, Mehl
2 Zwiebeln, 4 Eßlöffel Öl
4 gelbe Pfirsichhälften
(Dose), 1 Eßlöffel Butter

Leberscheiben würzen und in Mehl wenden. Zwiebelscheiben im geölten Grill bräunen, herausnehmen und warm stellen. Leberscheiben in dem Fett grillen und anrichten. Hitze etwas kleiner stellen, Pfirsiche in Butter nur leicht erwärmen und mit den Zwiebeln auf die Leberscheiben legen. Dazu Kartoffelpüree, mit Sahne verfeinerte Bratensoße und Salat reichen.

Rindersteaks mit Kräuterbutter ▸

4 Portionen à 300 Kalorien

4 Rindersteaks
(aus der Keule), Salz
Pfeffer, 2 Eßlöffel Öl
50 g Butter
1/2 Teelöffel Kräuterbuttergewürz

Rindersteaks salzen und pfeffern, mit 1 Eßlöffel Öl bestreichen und auf dem geölten Grillgitter in 3–5 Minuten garen. Dabei die Steaks etwas drehen, damit durch die Grillstäbe ein Waffelmuster entsteht. Die angerichteten Steaks mit der Kräuterbutter belegen. Dafür geschmeidige Butter mit der Gewürzmischung verrühren. Als Beilagen passen Pommes frites oder Bratkartoffeln, grüne Bohnen, gegrillte Tomaten und pikant angemachte Salate.

Rumpsteaks mit Teufelsoße

4 Portionen à 530 Kalorien

4 Rumpsteaks, Salz
3 Eßl. Öl, Für die Soße:
1/4 l Weißwein
10 weiße Pfefferkörner
3 Schalotten oder 1 Zwiebel
4 Teelöffel Tomatenmark
1/2 l Wasser, 2 Päckchen
Bratensoße, 1 Eßl. Butter
etwas Cayennepfeffer

Rumpsteaks salzen, mit Öl beträufeln, 1–2 Minuten stehen lassen, in der Grillpfanne oder unter dem Grill auf jeder Seite ca. 4 Minuten braten, mit der Teufelsoße servieren. Für die Teufelsoße: Weißwein, zerdrückte Pfefferkörner und gehackte Schalotten einkochen lassen. Das Tomatenmark mit Wasser und Soßenpulver verrühren, zum Weinsud geben und unter Rühren einmal aufkochen lassen. Zuletzt mit Butter verfeinern und mit Cayennepfeffer abschmecken.

Rumpsteaks mit Steinpilzen

4 Portionen à 700 Kalorien

4 Rumpsteaks à 175 g
Pfeffer, 4 Eßlöffel Öl
Salz, 1 große Dose
Steinpilze, 1 Zwiebel
1 Eßlöffel Butter
oder Margarine
1/2 Teelöffel milder Paprika
1/4 l saure Sahne
1 Eßlöffel
gehackte Petersilie

Rumpsteaks pfeffern, mit 2 Eßlöffel Öl bepinseln und 2–3 Stunden kalt stellen. Grillpfanne erhitzen, leicht einölen und die Rumpsteaks auf jeder Seite ca. 3–4 Minuten grillen. Oder im Grill das Fleisch möglichst hoch unter den vorgeheizten Grillstäben einschieben und von jeder Seite 3 Minuten grillen. Fertige Steaks auf eine vorgewärmte Platte legen und salzen. Inzwischen die Steinpilze in ein Sieb gießen, mit heißem Wasser überbrausen und gut abtropfen lassen.
Feingehackte Zwiebel in Fett gelblich dünsten. Steinpilze dazugeben, 2–3 Minuten dünsten und zuletzt Paprika, Sahne und Petersilie zufügen. Mit Salz und Pfeffer abschmecken. Rumpsteaks mit Bauernbrot servieren. Eventuell je 1 Stück Kräuterbutter (Zubereitung auf Seite 90) auf den Steaks zergehen lassen.

Rumpsteaks mit Zwiebeln

4 Portionen à 485 Kalorien

4 Rumpsteaks
Salz, schwarzer Pfeffer
etwas Aromat oder Fondor
3 Eßl. Öl, 2 Eßl. Butter
3 Zwiebeln
gut 1 Löffelspitze Paprika

Rumpsteaks salzen, pfeffern und mit Aromat oder Fondor bestreuen und mit Öl beträufeln, 1–2 Minuten stehen lassen. Die Rumpsteaks in einer Grillpfanne auf jeder Seite 4 Minuten braten, herausnehmen, Butter zu dem Bratenfett geben, die Zwiebelstreifen darin hellbraun anschwitzen, zuletzt mit etwas Paprika bestäuben und Zwiebeln auf den Rumpsteaks anrichten.

Rumpsteaks mit Austern

Rumpsteaks pfeffern, etwa 1 Stunde in das Öl legen und kühl stellen. Grillpfanne erhitzen, einölen, die Steaks auf jeder Seite ca. 3–4 Minuten grillen und erst dann salzen. Bratensaft nach Vorschrift auf der Packung bereiten, mit Speisestärke leicht binden und Zitronensaft zugeben. Austern (mit Brühe) in der Soße kurz erhitzen, aber nicht kochen lassen. Rumpsteaks anrichten, mit Butterflöckchen belegen und mit Soße und Austern übergießen. Als Beilagen Pommes chips und verschiedene Salate reichen. Pommes chips: Die geschälten Kartoffeln mit dem Gurkenhobel schneiden und wie Pommes frites fritieren.

4 Portionen à 450 Kalorien

4 Rumpsteaks
schwarzer Pfeffer
4 Eßlöffel Öl, Salz
1 Eßlöffel Bratensaft
1/2 Teelöffel Speisestärke
1/2 Teelöffel Zitronensaft
1 kleine Dose Austern (naturell oder geräuchert)
1 Teelöffel Butter

Schweinefleischspieß mit Ananas

Schweinefilet in Scheiben schneiden, auf 4 Spieße reihen, salzen, pfeffern und in dem mit Kondensmilch verquirlten Ei wenden und mit zerdrückten Cornflakes gut panieren. Die mit Öl beträufelten Spieße im nicht zu heißen Grill ca. 10 Minuten garen. Die Spieße anrichten und mit den kurz im Grill erwärmten Ananasstücken belegen. Beilage: Reis und Currysoße.

4 Portionen à 275 Kalorien

300 g Schweinefilet
Salz, Pfeffer, 2 Eßlöffel Kondensmilch, 1 Ei
1 Tasse Cornflakes
3 Eßlöffel Öl
3 bis 4 Scheiben Ananas

Gegrillte Kalbsleber

Kalbsleber pfeffern, Grillpfanne einölen, erhitzen. Leber auf jeder Seite 2–3 Minuten grillen. Zuletzt salzen, Tomaten mit Öl beträufeln, salzen und unter dem Grill garen. Spinat waschen, mit Zwiebeln, Salz, Pfeffer und Muskat zugedeckt 8 Minuten dünsten. Leber und Tomaten auf Spinat anrichten oder auf gedünsteten grünen Bohnen: Bohnen mit 1 Tasse Wasser, Aromat oder Fondor, wenig Salz, gehackter Zwiebel und Bohnenkraut 15 Minuten dünsten.

4 Portionen à 405 Kalorien

4 Scheiben Kalbsleber
gemahlener schwarzer Pfeffer, 1 Eßlöffel Öl
Salz, 4 Tomaten
Für das Gemüse:
1 kg junger Spinat
1 Zwiebel, Muskat
1 Teelöffel Butter
oder 750 g grüne Bohnen, 1 Zwiebel
Aromat oder Fondor
1 Zweig Bohnenkraut

Gegrillter Heilbutt mit Sauce Béarnaise

4 Portionen à 700 Kalorien

4 Scheiben frischer Heilbutt à 200 g, Pfeffer
4 Eßlöffel Öl
Salz, Zitronensaft
Für die Sauce Béarnaise:
1/8 l Weißwein
3 Eßlöffel Estragonessig
1 feingehackte Zwiebel
1/2 Teelöffel grob zerdrückte weiße Pfefferkörner, 3 Eigelb
100–200 g Butter oder Margarine
Cayennepfeffer
1 Eßlöffel gehackte Petersilie, Estragon oder Kerbel

Heilbutt pfeffern und mit 2 Eßlöffel Öl beträufeln. Eine Grillpfanne erhitzen, mit Öl bestreichen, den Heilbutt hineinlegen und auf jeder Seite etwa 5 Minuten grillen. Danach salzen, mit etwas Zitronensaft beträufeln und anrichten.
Für die Béarnaise: Weißwein, Essig, Zwiebel und Pfefferkörner so lange kochen, bis die Hälfte der Flüssigkeit verkocht ist. Durchpassieren und Eigelb darunterrühren. Im heißen Wasserbad mit dem Schneebesen schlagen, bis die Soße dick-cremig ist. Inzwischen das Fett zerlassen und dann tropfenweise zur Eigelbcreme rühren, die dabei dicklich werden muß. Mit Cayennepfeffer und Kräutern würzen und leicht salzen.

Gegrillte Seezunge mit gebackenen Krabben-Kartoffeln

4 Portionen à 400 Kalorien

2 Seezungen (ca. 800 g)
Salz, Pfeffer
Saft von 1 Zitrone
etwas Mehl
Kräuterbutter
geröstete Haselnüsse

Seezungen abziehen und die Innereien entfernen. Die Fische 5–10 Minuten mit Salz, Pfeffer und Zitronensaft marinieren, abtrocknen und in Mehl wenden. Auf dem geölten Grill oder in der Grillpfanne auf jeder Seite ca. 5 Minuten grillen. Die Seezungen werden mit Kräuterbutter belegt und mit gerösteten Haselnüssen bestreut. Dazu passen am besten gebackene Kartoffeln: Große Kartoffeln mit der Schale in der Röhre backen, danach halbieren und aushöhlen. Dann zerdrückt man das Innere mit der Gabel, vermischt es mit Eigelb, in Butter angebratenen Krabben, Salz und Pfeffer, füllt die Masse wieder in die Kartoffeln, bestreut sie mit Käse, beträufelt mit zerlassener Butter und bäckt sie noch einmal in der Röhre hellbraun.
Übrigens: Statt Krabben können Sie auch Champignons oder gehackte, frische Kräuter einfüllen.

Gegrillte Kalbsleber mit Teufelsoße

Portionen à 285 Kalorien

4 Scheiben Kalbsleber à 100 g
Pfeffer, 2 Eßlöffel Öl
1 Apfel, etwas Mehl
Salz, Chutney
oder kandierter Ingwer
Für die Teufelsoße:
1/8 l Weißwein
10 weiße Pfefferkörner,
zerdrückt, 2 Schalotten
2 Teelöffel Tomatenmark
1 Päckchen Bratensoße
1 Teelöffel Butter

Kalbsleber pfeffern und mit Öl beträufeln. Den Apfel entkernen, in etwa 1 cm dicke Scheiben schneiden und in Mehl wenden. Grillpfanne leicht einölen und erhitzen. Darin zuerst die Apfelscheiben in etwa 3 Minuten grillen und danach die Kalbsleberscheiben hineinlegen und je nach Dicke 4–6 Minuten grillen. Apfelscheiben und Leber salzen, anrichten und mit Chutney oder Ingwer garnieren. Dazu Teufelsoße und Kartoffelpüree essen. Für die Teufelsoße: Weißwein, Pfefferkörner und gehackte Schalotten einkochen. Tomatenmark mit 1/4 l Wasser und Soßenpulver verrühren, dazugeben und aufkochen. Mit Butter verfeinern.

Gefüllte Leberpastete vom Grill

4 Portionen à 695 Kalorien

500 g Schweineleber
125 g geräucherter Speck
2 Zwiebeln
gehackte Petersilie
3 altbackene Brötchen
3 Eßlöffel Grieß
1 Ei, Salz, Pfeffer
Thymian, Majoran
1 Salatgurke
1 Tasse gewürfelte rote
Paprikaschote
1 Schweinsnetz zur
Umhüllung der Pastete

Speck und Zwiebeln kleinschneiden und zusammen mit der Petersilie anschwitzen. Die eingeweichten Brötchen ausdrücken, mit der Leber und dem angebratenen Speck durch den Fleischwolf drehen. Die Masse mit Grieß, Ei und den Gewürzen vermengen. Salatgurke schälen und Enden abschneiden. Etwa 5 Minuten in Wasser kochen, herausnehmen, mit einem Kochlöffel innen aushöhlen und mit Paprikawürfeln füllen. Das Schweinsnetz ausbreiten und lagenweise erst die Hälfte der Leberpastete, dann die gefüllte Gurke, dann die andere Hälfte der Pastetenmasse in das Netz einschlagen. Der Pastete eine längliche Brotform geben und etwa 1 Stunde auf dem Holzkohlengrill braten. Die Pastete kann ebensogut in der Bratröhre vorgegart und zur Party zu einem späteren Zeitpunkt auf dem Grill wieder erhitzt werden.

Marinierte Lammkoteletts

4 Portionen à 900 Kalorien

8 Lammkoteletts
1 Zitrone, 1 Zwiebel
2 Knoblauchzehen

Zitrone und geschälte Zwiebel in Scheiben schneiden, den Knoblauch schälen und zerdrücken. Zitronen- und Zwiebelscheiben mit Knoblauch in eine Schüssel geben, dazu schwarzen Pfeffer, Thymian und Öl. Die

Lammkoteletts hineinlegen, zudecken und so 2–3 Tage in den Kühlschrank stellen. Dabei oft wenden. Lammkoteletts und Tomatenhälften auf den Grillrost legen, salzen und pfeffern. Etwa 7 Minuten grillen und das Fleisch dabei einmal umdrehen. Dazu junge grüne Bohnen, mit gebräunten Zwiebelringen bestreut, reichen. Alles sehr heiß servieren.

schwarzer Pfeffer
1 Löffelspitze Thymian
4 Eßlöffel Öl
4 große Tomaten
Salz, Pfeffer

Lammkoteletts mit Artischockenböden

Die Artischockenböden abgießen. Lebermousse mit Cayennepfeffer und Weinbrand vermischen, in die Artischockenböden streichen, unter dem Grill 10 Minuten überbacken. Zwiebel, Knoblauch und Petersilie zusammen fein hacken, mit Thymian vermischen. Öl in Grillpfanne erhitzen, mit Salz und Pfeffer gewürzte Koteletts auf jeder Seite etwa 4 Minuten braten. Zwiebelgemisch im Bratenfett 2 Minuten dünsten. Koteletts mit Artischockenböden umlegen und die Zwiebelmischung daraufgeben oder extra reichen. Dazu schmecken grüne Bohnen und neue, gekochte und in Butter und 2 Teelöffel Semmelbröseln gebratene Kartoffeln, sowie Kopfsalat.

4 Portionen à 975 Kalorien

1 kg Lammkoteletts
Salz, Pfeffer
1 Dose Artischockenböden
1 kleine Dose Lebermousse
Cayennepfeffer
2 Teelöffel Weinbrand
1 Zwiebel
1 Knoblauchzehe
1/2 Bund Petersilie
1/2 Teelöffel Thymian
2 Eßlöffel Öl

Gegrillte Lammkoteletts

1 Teelöffel Salz mit 1 Löffelspitze schwarzem Pfeffer und den zerdrückten Knoblauchzehen vermischen. Die auf $^1/_2$ cm Dicke geklopften Lammkoteletts damit würzen, in verquirltem Ei und Semmelbröseln wenden und mit etwas Öl auf beiden Seiten beträufeln. In einer Grillpfanne etwas Öl erhitzen, die Koteletts bei mittlerer Hitze auf jeder Seite ca. 3–4 Minuten braten. Die Lammkoteletts anrichten, mit halbierten, mit Salz und Pfeffer gewürzten, zuletzt in der Pfanne ebenfalls gegrillten Tomaten umlegen und mit grünen Bohnen und Pommes frites garnieren und servieren.

4 Portionen à 975 Kalorien

1 kg Lammkoteletts
(8 Stück)
Salz, schwarzer Pfeffer
2 Knoblauchzehen
1 Ei, 3 Eßlöffel helle Semmelbrösel
4 Eßlöffel Pflanzenöl
4 Tomaten

Forellen vom Grill ▸

4 Portionen à 360 Kalorien

8 Forellen
Salz, Pfeffer
etwas Alufolie
50 g Butter
frischer Dill
8 große Pellkartoffeln
4 Tomaten

Forellen ausnehmen und innen und außen mit Salz und wenig Pfeffer gut einreiben. Auf Alufolie auf den Grill legen und mit zerlassener Butter bepinseln. Kartoffeln gut waschen und über Kreuz einschneiden. In Alufolie einwickeln und auf den Holzkohlengrill legen. Die Tomaten gleichfalls einschneiden, etwas salzen und pfeffern und in Folie gewickelt zu den Kartoffeln legen. Auf den Fisch legt man etwas frischen Dill und läßt alles 20 bis 30 Minuten auf dem Holzkohlengrill garen. Zu den Kartoffeln Kräuterquark reichen.

Shrimpsspieße

4 Portionen à 130 Kalorien

250 g große Shrimps
1 Teelöffel Worcestersoße
1 Löffelspitze Cayenne-pfeffer, 1 Eßlöffel Butter
4 Eßlöffel Tomatenketchup
Saft von 1/2 Zitrone
2 Teelöffel Meerrettich

Shrimps mit Worcestersoße und Cayennepfeffer würzen, auf Spieße stecken und 2 Minuten in der Grillpfanne in Butter braten. Dazu Soße aus Tomatenketchup, Zitronensaft und Meerrettich servieren.

Tip: *Zu all diesen Fischgerichten vom Grill eignet sich als Getränk am besten ein leichter, herber Weißwein, wie z. B. ein Riesling.*

Gegrillter Schellfisch ▸

4 Portionen à 445 Kalorien

750 g Schwanzstück vom Schellfisch
Salz, Pfeffer
Instant-Mehl, Öl
2 Zitronen
etwas geriebener Meerrettich

Fisch waschen und trockentupfen. Salzen, pfeffern und in Instant-Mehl wenden. Grillpfanne erhitzen, bis über die Rillen mit Öl füllen. Fisch hineinlegen und auf jeder Seite etwa 7 Minuten grillen. Anrichten, mit dem Saft von 1 Zitrone beträufeln und mit Zitronenscheiben, eventuell mit Meerrettich belegt, garnieren. Dazu schmecken Pommes frites.

Gegrillter Heilbutt mit Kräuterbutter

4 Portionen à 350 Kalorien

4 Scheiben Heilbutt
à ca. 200 g, Salz, Pfeffer
2 Eßl. Öl, 2 Tomaten
Für die Kräuterbutter:
50 g Butter
1 Eßlöffel gehackte Kräuter
(Petersilie, Estragon
Kerbel, nach Markt-
angebot)
und 1 Löffelspitze Paprika
sowie Salz gut vermischen

Heilbutt waschen, abtrocknen, mit Salz und Pfeffer würzen und mit Öl beträufeln. Grillpfanne erhitzen, Heilbutt auf jeder Seite ca. 5 Minuten grillen. Der Fisch ist gar, wenn sich die Mittelgräte leicht herausziehen läßt. Die halbierten Tomaten während dieser Zeit mitgaren. Heilbutt auf einer vorgewärmten Platte anrichten, mit den Tomaten garnieren und dazu Petersilienkartoffeln, beliebigen Salat sowie die Kräuterbutter servieren.
Übrigens: An Stelle von Heilbutt kann auch Steinbutt auf diese Weise gegrillt werden.

Gegrillte Shrimps mit Cocktailsoße

4 Portionen à 205 Kalorien

Ca. 400 g Shrimps oder
Hummer-Krabben-
Schwänze
Worcestersoße, Salz
2 Eßlöffel Butter
1 Tasse Tomatenketchup
1 Teelöffel geriebener
Meerrettich
etwas scharfer Paprika
2 Eßlöffel saure Sahne

Shrimps schälen, vom Rücken her aufschneiden, den dunklen Dorn entfernen und das Schwanzfleisch mit Worcestersoße und Salz würzen. Butter in einem flachen, feuerfesten Geschirr unter dem Grill erhitzen, bis sie hellbraun ist. Shrimps mit der aufgeschnittenen Seite nach unten in die Butter legen und ca. 3 Minuten unter dem Grill garen, danach wenden und in weiteren 2 Minuten auf der anderen Seite garen. Tomatenketchup mit Meerrettich, Paprika, Sahne und Salz mischen, pikant abschmecken und diese Soße mit Toast und Butter zu den Shrimps servieren.

Silber-Forellen

4 Portionen à 190 Kalorien

4 frische Forellen
Alufolie, Margarine
Saft von 1 Zitrone
250 g frische Champignons
2 Eßlöffel gehackte Petersilie, etwas gehackter
Estragon, Salz, Pfeffer
8 Eßlöffel Weißwein

Forellen auf 4 Stücke extra starke, gefettete Alufolie legen. Mit Zitronensaft beträufeln. Champignons putzen, waschen, in Scheiben schneiden und mit gehackter Petersilie und Estragon über die Forellen verteilen. Salzen und pfeffern. Je 2 Eßlöffel Weißwein zugießen. Folie gut schließen, damit kein Dampf entweichen kann. Auf dem Holzkohlengrill ca. 20 Minuten garen.

Forellen und Backkartoffeln vom Holzkohlengrill

Forellen ausnehmen und von innen und außen kräftig mit Salz und Pfeffer einreiben. Kartoffeln gut waschen. Schale mit einem Messer etwas einschneiden. Forellen und Kartoffeln einzeln in Folie wickeln. Die Kartoffeln in die glühende Holzkohle legen und in ca. 1 Stunde, die Forellen auf dem Grill in ca. 30 Minuten garen. Forellen und Backkartoffeln werden in der Folie serviert. Zu den Forellen reicht man Zitronenschnitze, zu den Backkartoffeln etwas gehackte Petersilie und Butterröllchen.

4 Portionen à 555 Kalorien

4 Forellen
Salz, Pfeffer
8–10 Kartoffeln
1 Zitrone
Petersilie
125 g Butter

Gegrillte Forellen

Die tiefgekühlten Forellen wie empfohlen antauen lassen, innen und außen salzen, pfeffern und auch innen und außen mit Mehl bestäuben. Eine Grillpfanne leicht einölen und erhitzen. Die Forellen mit Öl beträufeln, in die Pfanne legen und auf jeder Seite etwa 5 Minuten bei leichter Hitze grillen. Anrichten und heiß halten. Butter in der Grillpfanne aufschäumen lassen und über die Forellen gießen. Mit Petersilie bestreuen und mit Zitronensaft und Worcestersoße beträufeln. Dazu Salzkartoffeln und einen beliebigen Salat reichen.

4 Portionen à 245 Kalorien

4 tiefgekühlte Forellen
Salz, Pfeffer, Mehl
2 Eßlöffel Öl
1 Eßlöffel Butter
1 Eßlöffel gehackte Petersilie
Saft von 1 Zitrone
2 Teel. Worcestersoße

Schollenfilets mit Champignons

Schollenfilets auf 4 Stücke Folie verteilen, mit Zitronensaft beträufeln, salzen, pfeffern, etwas Tomatenketchup darübergeben und mit dünn geschnittenen Champignonscheiben belegen. Über die Fische etwas Öl träufeln und die Folie fest verschließen. Mit dem Verschluß nach oben die Schollenfilets auf den Grill legen und in etwa 15–20 Minuten grillen.

4 Portionen à 130 Kalorien

1 Paket tiefgefrorene Schollenfilets
Zitronensaft
Salz, Pfeffer
2–3 Teelöffel Tomatenketchup
1 Dose Champignons
2 Eßlöffel Öl
etwas Alufolie

Gegrillte Hähnchenkeulen ▸

4 Portionen à 230 Kalorien

4 tiefgefrorene Hähnchenkeulen
3 Eßlöffel Tomatenketchup
3 Eßlöffel Öl
1 Teelöffel milder Paprika
1/2 Teelöffel Curry
Saft von 1/2 Zitrone, Salz
4 Scheiben Räucherspeck

Keulen über Nacht im Kühlschrank auftauen lassen. Mit den übrigen Zutaten eine Marinade bereiten. Die Keulen mit Speckscheiben umwickeln und auf dem Holzkohlengrill oder unter dem Grill ca. 40 Minuten rösten. Währenddessen immer wieder mit der würzigen Marinade bepinseln.

Tip: *Damit die Marinade beim Bestreichen der Hähnchenkeulen nicht in die Glut tropft und sich dadurch Rauch entwickelt, der den Geschmack beeinträchtigt, können Sie Alufolie unterlegen.*

Geflügelkeulen vom Spieß

4 Portionen à 300 Kalorien

4 Geflügelkeulen
Salz, Pfeffer
Rosmarin
4 Scheiben geräucherter Speck

Geflügelkeulen mit Salz, Pfeffer und Rosmarin würzen und jeweils zwei mit Speckscheiben umwickelt an den Spieß binden. Keulen unter ständigem Drehen des Spießes über dem Holzkohlengrill gar werden lassen. Keulen mit Tomatenketchup oder Schaschliksoße (Fertigprodukt) servieren.

Gegrillte Bratwürstchen ▸

4 Portionen à 400 Kalorien

4 Paar grobe Bratwürste
etwa 1 Eßlöffel Öl

Bratwürste in Öl wenden und unter den glühenden Grillstäben etwa 6 Minuten rösten. Dazu können Sie Senfsoße, Tomatenketchup, Mixed Pickles und kräftiges Bauernbrot servieren. Sie können übrigens auch Wiener Würstchen, Leberkäse in Scheiben, Schinkenwurst oder Jagdwurst grillen. Würstchen oder Wurstscheiben schmecken besonders herzhaft, wenn Sie sie vorher mit Senf bestreichen, mit Paprika bestreuen und mit Speckscheiben umwickeln.

Pikante Fischspießchen

4 Portionen à 255 Kalorien

500 g Fischfilet
6 Speckscheiben
4 Tomaten
etwas Zitronensaft
Salz, Pfeffer
etwas Mehl, 3 Eßlöffel Öl
Tomatenketchup
Kartoffelchips
Paprikastreifen
gefüllte Oliven
Essiggurken, Salatblätter

Fischfiletstücke, zerteilte Speckscheiben und Tomatenviertel abwechselnd auf 4 Spieße stecken, mit Zitronensaft, Salz und Pfeffer würzen und leicht mit Mehl bestäuben. Öl in einer Grillpfanne erhitzen, Fischspieße ca. 6 Minuten braten. Zuletzt mit etwas Tomatenketchup bestreichen und kurz weiterbraten. Kartoffelchips und Mixed Pickles dazu servieren.
Übrigens: Die Fischspieße können auch sehr gut im Grill zubereitet werden. Garzeit: 10 Minuten.

Reich besteckte Spieße auf Reis

6 Portionen à 360 Kalorien

je 200 g Rinder- und Schweinelende
200 g Kalbsleber oder -niere, 4 dickere Speckscheiben
2 Zwiebeln, 2 grüne Paprikaschoten
4 Tomaten, Pfeffer, Salz
ca. 5 Eßlöffel Öl

Rinder- und Schweinelende, Leber oder Niere in 1 cm dicke Scheiben schneiden in der Größe eines Fünf-Mark-Stückes. Abwechselnd mit den geviertelten Speckscheiben, den dünnen Zwiebelscheiben, kleinen Paprikastücken und entkernten Tomatenvierteln auf Spieße reihen, mit Salz und Pfeffer würzen. Das Öl in einer für die Spieße entsprechend großen Grillpfanne heiß werden lassen und die Spieße von allen Seiten, insgesamt etwa 12 Minuten, braten. Die Spieße auf gekochtem Reis anrichten und mit grünem Salat und Steaksoße (Fertigprodukt) servieren.

Paprika-Wurst-Spieße

4 Portionen à 255 Kalorien

2 grüne Paprikaschoten
3 Paar Fleischwürstchen
2 Eßlöffel Öl
2 Eßlöffel Weinbrand
1 getrocknete Chilischote
1 Knoblauchzehe

Paprikaschoten längs vierteln, entkernen und in 3 cm lange Stücke schneiden. Würstchen ebenfalls in 3 cm lange Stücke schneiden. Beides auf 4 Spieße verteilen. Öl mit Weinbrand in eine Schüssel geben. Chilischote hineinbröseln. Knoblauch schälen, fein hacken oder zerquetschen und unter das Öl mischen. Gut verrühren und die Spieße mit diesem Öl übergießen. 2–3 Stunden durchziehen lassen. Die Spieße danach auf dem Holzkohlengrill auf jeder Seite ca. 5 Minuten grillen. (Foto Seite 48, 1)

Scharfe Bratwürste am Spieß ▸

Bratwürste in Abständen von ca. 3 cm halb durchschneiden. 4 Würste mit Sambal Serdadoe und 4 Würste mit feinen Peperonistreifen füllen und längs einen Holzspieß durchstecken. Würste auf dem Holzkohlengrill in 6–7 Min. grillen. (Foto Seite 48, 2)

4 Portionen à 730 Kalorien

4 Paar rohe Bratwürste
1 gestr. Teelöffel Sambal Serdadoe, 1 rote Peperoni in Essig

Cevapcici mit Zwiebeln ▸

Rinderhackfleisch mit Eigelb, Rotwein, Salz, Pfeffer und Paprika gut vermischen, abschmecken und fingerdicke Röllchen daraus formen. Eine Grillpfanne einölen, erhitzen, die Fleischröllchen hineinlegen und darin etwa 8 Minuten braten. Zwiebeln schälen und in Ringe schneiden, roh anrichten. (Foto Seite 48, 3)

4 Portionen à 170 Kalorien

375 g frisches Rinderhackfleisch
2 Eigelb, 2 Eßl. Rotwein
Salz, Pfeffer
1 Teel. Edelsüß-Paprika
Öl, 2 Zwiebeln

Filetsteaks mit Tomaten ▸

Filetsteaks leicht klopfen, mit den Speckscheiben umwickeln und mit Holzspießchen feststecken. Steaks mit Pfeffer würzen und einölen. Auf den leicht geölten Grill legen und auf jeder Seite ca. 4–5 Minuten grillen, erst die gegrillte Seite mit Salz bestreuen. Tomaten oben kreuzweise einschneiden, mit Rosenpaprika füllen und mit Salz bestreuen. Mit den Steaks auf dem Grill garen. (Foto Seite 48, 4 und 5)

4 Portionen à 285 Kalorien

4 Filetsteaks à 150 g
4 Scheiben Schinkenspeck
gemahlener schwarzer Pfeffer, 1 Eßlöffel Öl, Salz
4 Tomaten, 1 Löffelspitze Rosenpaprika

Mexikanische Käsewürstchen ▸

Fleischwürstchen längs ca. 1½ cm tief einschneiden. Innen mit der Gewürzmischung bestreichen. Käse in 4 Streifen schneiden und die Würstchen damit füllen. Mit den Speckscheiben umwickeln und mit Zahnstochern feststecken. Mit der Käseseite nach oben auf den Grill legen und langsam in ca. 12 Minuten grillen. Zuletzt Paprika darüberstreuen. (Foto Seite 48, 6)

4 Portionen à 265 Kalorien

4 Fleischwürstchen
2 gestr. Teelöffel Chili con carne (Gewürzmischung)
100 g Emmentaler Käse
4 Scheiben Frühstücksspeck
etwas milder Paprika

3
2
1
5
4
6

Salbei-Leberspieße

4 Portionen à 280 Kalorien

12 große Salbeiblätter
je 12 sehr dünne
und schmale Schweine-
schnitzel und
Leberscheiben, Salz
Paprika, 1 kleine Zwiebel
3 Eßlöffel Öl

Die Blätter einzeln mit Schweineschnitzeln und Leberscheiben belegen, salzen, mit Paprika würzen, zusammenrollen und auf 4 Holzspieße verteilen. Leberspieße mit gehackter Zwiebel bestreuen, einölen und auf ebenfalls geöltem Grill ca. 8 Minuten grillen.

◂ *Schaschlik mit Balkanreis*

4 Portionen à 290 Kalorien

500 g Lamm- oder
Hammelfleisch
1 Teelöffel grobgemahlener
schwarzer Pfeffer
1 Teelöffel Thymian
Saft von 1/4 Zitrone
etwas Öl, 2 Zwiebeln
1 rote und 1 grüne
Paprikaschote
Für den Reis:
2 Eßlöffel Zwiebelwürfel
1 Tasse Langkorn-Reis
2 Tassen Fleischbrühe
1 Päckchen tiefgekühltes
Balkangemüse

Fleisch in 3 cm große Stücke schneiden, mit Pfeffer, Thymian, Zitronensaft und 2 Eßlöffel Öl mischen, 2 Stunden durchziehen lassen. Zwiebeln schälen und in Ringe schneiden, Paprikaschoten vierteln, entkernen und in 3 cm große Stücke schneiden. Fleisch, Zwiebelringe und Paprikastückchen abwechselnd auf Spieße reihen, in eine gefettete Grillpfanne legen, auf mittlerer Hitze etwa 10 Minuten braten, dann salzen.
Für den Reis: Zwiebelwürfel in Öl andünsten, Reis und Fleischbrühe zugeben und 10 Minuten kochen. Das Balkangemüse hinzufügen, weitere 10 Minuten dünsten. Schaschlik auf Balkanreis anrichten und mit einer Schaschliksoße servieren. (Foto vorhergehende Seite oben)

◂ *Schweizer Leberspießli*

4 Portionen à 360 Kalorien

500 g Kalbsleber
Pfeffer
125 g roher, dünn
geschnittener Schinken
Salbeiblätter
2 Eßlöffel Öl
2 Äpfel, etwas Margarine

Leber in 2 cm breite und 5 cm lange Stücke schneiden und pfeffern. Den Schinken in etwa 3 cm breite Streifen schneiden und Leberstücke darin einrollen. Leber abwechselnd mit Salbeiblättern auf Spieße stecken. Eine Grillpfanne einölen, erhitzen, die Leberspießli darin 5 Minuten braten. Oder die Spieße einölen und im Grill mit Drehspieß garen. – Inzwischen Äpfel waschen, abtrocknen, ausstechen und in Scheiben schneiden. Margarine in einer zweiten Pfanne zerlassen, die Apfelscheiben darin zugedeckt gar dünsten. Mit Rösti oder Bratkartoffeln servieren. (Foto vorhergehende Seite unten)

Grillspieße

Fleisch in 3 cm große Würfel schneiden und mit 2 Eßlöffel Öl, 1/2 Eßlöffel Zitronensaft, etwas schwarzem Pfeffer, 1 zerdrückten Knoblauchzehe (ungeschält!) und 1 zerbrochenen Lorbeerblatt gut durchziehen lassen. Danach mit den übrigen Zutaten abwechselnd auf Spieße stecken. Unter ständigem Drehen auf dem Holzkohlengrill ca. 5 Minuten grillen. Danach salzen. Dazu schmecken gegrillte Kartoffeln: Große Kartoffeln einölen, salzen und in extra starke Alufolie einwickeln. Gleich nach dem Anzünden ins Feuer legen und 1 Stunde garen.

4 Portionen à 490 Kalorien

250 g Rinderlende
250 g Schweinefilet
125 g große Champignons
4 kleine Tomaten
8 kleine Speckscheiben
1 rote und grüne Paprikaschote (geputzt und geviertelt)
eventuell 8 kleine rohe Bratwürstchen

Tip: *Sie können für die Spieße auch das preiswertere Fleisch aus der Keule verwenden. Dann müssen Sie die Fleischwürfel gleichmäßig mit Zartsalz bestreuen und zugedeckt ca. 2 Stunden stehen lassen.*

Schaschlikspieß

Fleisch in 2 cm große Würfel, Zwiebel in Ringe, Paprika in Stücke und Tomaten in Viertel schneiden. Fleisch mit Zitronensaft und Öl einige Stunden marinieren, dann abwechselnd mit Zwiebeln, Paprika und Tomaten auf Spieße stecken und ca. 10 Minuten im Grill rösten. Danach salzen. Für die Soße: Feingeschnittene Zwiebeln und gehackten Knoblauch in heißem Öl hell andünsten, Gewürze zufügen und mehrere Sekunden anschwitzen. Tomatenketchup und die Brühe, Salz, Thymian, Lorbeerblatt und Petersilie zufügen und 10 Minuten kochen lassen. Lorbeerblatt und Petersilie entfernen. Die Soße scharf abschmecken. Schaschlikspieße in dieser Soße eine Weile durchziehen, aber nicht kochen lassen. Eventuell Soße mit wenig Speisestärke binden. Dazu schmeckt körnig gekochter Reis, zu dem die Soße gereicht wird.

4 Portionen à 490 Kalorien

500 g Rind- oder Kalbfleisch
2 Zwiebeln
2 rote Paprikaschoten
4 Tomaten
Saft von 1/2 Zitrone
3 Eßlöffel Öl
Salz
Für die Soße:
2 Zwiebeln
2 Knoblauchzehen
1/2 Tasse Olivenöl
2 gehäufte Eßlöffel Edelsüß-Paprika
1 Teelöffel Curry
1/2 Flasche Tomatenketchup
1/2 l Fleischbrühe (Würfel)
Thymian, 1/2 Lorbeerblatt
1/2 Bund Petersilie
1 Teelöffel Speisestärke

Tomaten-Speck-Spieß mit pikanten Beilagen ▸

4 Portionen à 210 Kalorien

2 Tomaten
Salz, Pfeffer
4 Scheiben durchwachsener Speck
2 Teelöffel Senf
2 Zweige Pfeffer- oder Bohnenkraut
etwas Öl

Tomaten halbieren, salzen und pfeffern. Speckscheiben mit Senf bestreichen und mit Pfefferkraut belegen, zusammenklappen und auf die Tomaten legen. Die Tomaten mit dem Speck auf den Spieß stecken, mit Öl bestreichen und im Grill ca. 10–15 Minuten grillen. Als Beilagen: Perlzwiebeln, frische Möhrenstreifen, marinierte Paprikastückchen, grüne und schwarze Oliven, gelbe und rote Pfefferschoten.

Küfteta (Bulgarische Beefsteaks)

4 Portionen à 345 Kalorien

500 g Rinderhackfleisch
2 feingewürfelte Zwiebeln
1 Eßlöffel Butter oder Margarine
2 Eßlöffel gehackte Petersilie, Salz
scharfer Paprika
2 Eier, 4 Eßlöffel Öl

Zwiebelwürfel in Fett hell anschwitzen, Petersilie zugeben, kurz heiß werden lassen und abgekühlt zu dem Rinderhackfleisch geben, mit Gewürzen und Eiern mischen. Aus dieser Masse ovale Koteletts formen und in einem Grill oder in der Grillpfanne von jeder Seite ca. 3 Minuten in Öl braten. Dabei versetzen, damit das typische Gittermuster entsteht. Mit Tomatensoße, Pommes frites oder Reis und Salaten servieren.

Shish Kebab (Hammelspießchen) ▸

4 Portionen à 620 Kalorien

750 g Hammelkeule oder -schulter
1 große feingewürfelte Zwiebel, 3 Lorbeerblätter
5 Eßlöffel Öl
1 Teelöffel Salz
1 Löffelspitze scharfer Pfeffer
2 Paprikaschoten
1 Zwiebel

Fleisch in 3 cm große Würfel schneiden, mit Zwiebelwürfeln, Lorbeerblättern, Öl, Salz und Pfeffer vermischen und ca. 2 Stunden (oder im Kühlschrank über Nacht) ziehen lassen. Die Fleischstücke mit Paprikastreifen und Zwiebelscheiben auf 4 Spieße stecken und im Grill oder in einer Grillpfanne ca. 5 Minuten rösten. Auf körnig gekochtem Reis anrichten und mit einer gemischten Salatplatte servieren.

Lammspieße

4 Portionen à 795 Kalorien

500 g Lammfleisch
Saft von 1/2 Zitrone
1 Löffelspitze scharfer Paprika, 3 Eßlöffel Öl
Salz, 2 Eigelb
2 Eßlöffel Weißwein
200 g Butter, 2 Teel. gehackte Kräuter
1 Teelöffel Worcestersoße

Lammfleisch in 2 cm große Würfel schneiden, mit Zitronensaft, Paprika und Öl mischen und auf Spieße stecken. Die Lammspieße salzen und ca. 10 Minuten grillen. Zuletzt mit folgender Soße übergießen: Eigelb und Weißwein über Wasserdampf schaumig-dicklich schlagen, mit zerlassener Butter tropfenweise verrühren und mit Kräutern, Worcestersoße und Salz würzen. Als Beilage Reis servieren.

Filetspieß mit Bohnenkernen

4 Portionen à 590 Kalorien

400 g Filetspitze
4 dickere Scheiben Speck
3 Zwiebeln, Pfeffer, Salz
ca. 3 Eßlöffel Öl
1 Paket tiefgefrorene grüne Bohnenkerne
2 Eßlöffel Butter
1 1/2 Tassen Reis
Suppenwürze
Muskat, Petersilie

Filet in ca. 1 cm dicke Scheibchen schneiden und abwechselnd mit Speckscheiben und Scheiben von 2 Zwiebeln auf vier Spieße reihen. Mit Pfeffer und Salz würzen, mit Öl bepinseln und in der Grillpfanne oder auf dem Grill in ca. 10 Minuten garen. Während der Garzeit die Spieße häufig wenden. Bohnen nach Vorschrift bereiten, etwas abkühlen lassen und die Schalen entfernen. Die gewürfelte Zwiebel in Butter anschwitzen, den Reis zugeben, mit 3 Tassen kochendem Wasser auffüllen, salzen und zugedeckt ca. 18 Minuten auf kleiner Flamme garen. Bohnen daruntermischen, mit Suppenwürze und Muskat abschmecken und mit gehackter Petersilie bestreuen. Spießchen auf dem Bohnen-Reis anrichten. Eventuell mit einer pikanten Soße (Fertigprodukt) servieren.

Wurstspieß auf Kreolen Art

4 Portionen à 500 Kalorien

3–4 Paar Wiener Würstchen
1/2 Teel. Paprika, 1 Eßl. gehackte Zwiebeln
1/2 Knoblauchzehe
Thymian
2 Teel. Essig, 3 Eßl. Öl
4 Speckscheiben
4 Eßlöffel Tomatenketchup

Würstchen in 3–4 cm lange Stücke schneiden und in einer Soße aus Paprika, Zwiebeln, zerdrücktem Knoblauch, Thymian, Essig und Öl ca. 1 Stunde marinieren. Speckscheiben in Stücke schneiden und abwechselnd mit den Wurststücken auf 4 Spieße stecken. Im heißen Grill ca. 6 Minuten bräunen, anrichten und mit der restlichen Marinade, verrührt mit Ketchup, servieren.

Tatar- und Paprikaspieße

Tatar mit gehackter Gurke, Zwiebel und Petersilie mischen. Eier und Gewürze zufügen, 4 Steaks formen und diese mit je 2 Speckscheiben umwickeln. Steaks auf Spieße stecken, mit Öl bestreichen und in der Grillpfanne oder im Grill unter öfterem Wenden bei mittlerer Hitze in ca. 4 Minuten garen. – Für die Paprikaspieße: Würstchen mehrmals mit der Gabel einstechen und sie etwa 2 Stunden in einem Gemisch aus Zitronensaft, Öl, Thymian, Pfeffer und einer Löffelspitze Paprikapulver marinieren. Würstchen abwechselnd mit Speck-, Paprika- und Zwiebelscheiben auf vier Spieße verteilen, salzen, leicht mit Öl bestreichen und bei schwacher Hitze unter häufigem Wenden im Grill oder in der Grillpfanne in ca. 4 Minuten garen. Die Paprikaspieße können auch als separates Spießgericht aus der doppelten Menge gereicht werden. Zu beiden Spießen schmecken Kartoffelbrei und Salate je nach Geschmack und Jahreszeit.

4 Portionen à 510 Kalorien

400 g Tatarfleisch
1 Essiggurke
1/2 Zwiebel, Petersilie
2 Eier, Paprikapulver
Salz, Pfeffer
1/2 Teelöffel geriebener Meerrettich
8 Speckscheiben
ca. 4 Eßlöffel Öl
Für die Paprikaspieße:
10 Cocktailwürstchen
Saft von 1/2 Zitrone
ca. 2 Eßlöffel Öl
Thymian, Pfeffer
1 Löffelspitze Paprika
4 Scheiben Speck
1 grüne Paprikaschote
1 Zwiebel

Balkan-Spieße mit rotem Risi-Bisi

Fleisch in ca. 2 cm große Stücke schneiden. Mit zerdrücktem Knoblauch, Thymian, Pfeffer, Zitronensaft, 1 Eßlöffel Öl und Weinbrand etwa 1 Stunde marinieren. Danach mit 1 in Stückchen geschnittenen Paprikaschote und entkernten Tomatenvierteln abwechselnd auf 4 Spieße stecken. In der sehr heißen Grillpfanne von allen Seiten 10 Minuten grillen. Salzen. Für die Soße: Zwiebeln und Paprika würfeln, in Öl 5 Minuten dünsten. Geschälte Tomaten zugeben. Mit Salz, Pfeffer und Thymian würzen und 5 Minuten kochen. Für Risi-Bisi: Reis und Erbsen getrennt nach Vorschrift zubereiten. Beides gut abgetropft untereinandermischen. Mit 3 Eßlöffeln von der Paprikasoße vermengen. Übrige Soße in einer Sauciere getrennt reichen.

4 Portionen à 400 Kalorien

250 g Schweinefilet Rinderlende und (oder) Lammkeule
1 Knoblauchzehe
getrockneter Thymian oder Bohnenkraut
gemahlener schwarzer Pfeffer
Saft von 1/2 Zitrone
3 Eßlöffel Olivenöl
1 Teelöffel Weinbrand
2 grüne Paprikaschoten
2 Tomaten, Salz
2 Zwiebeln
1/2 Dose geschälte Tomaten
1 Kochbeutel-Reis
1 Päckchen (300 g) gefrorene Erbsen

Grillspieß mit gebackenen Zwiebeln

4 Portionen à 690 Kalorien

ca. 400 g Fleisch von der Keule (Rind Schwein, Kalb oder Hammel)
2 rote Paprikaschoten
100 g Speck
Für die gebackenen Zwiebeln: 4 Zwiebeln
1/2 l Bier
2 Eier
2 Eßlöffel Öl
Salz, 1 Prise Zucker
6 Eßlöffel Mehl
Backfett
Für die Marinade:
4 Eßlöffel Öl
Zitronensaft
Salz, Pfeffer
1 Teelöffel Paprika
1 Messerspitze Thymian

Fleisch und den entkernten Paprika in Würfel und den Speck in dünne Scheiben schneiden. Die geschälten Zwiebeln in Ringe schneiden, jedoch nur die großen Ringe zum Ausbacken verwenden. Ausbackteig: Unter das Bier alle Zutaten mischen (nicht umgekehrt!). Die Zwiebelringe darin wenden und in heißem Fettbad bei 180 Grad knusprig goldgelb ausbacken. Auf Küchenkrepp abtropfen lassen. Das Fleisch einige Stunden vor der Verwendung in den angegebenen Zutaten marinieren, abwechselnd mit Speck und Paprikawürfel auf 4 Spieße stecken und im Grill oder in einer Grillpfanne von allen Seiten ca. 6 Minuten grillen. Die ausgebackenen Zwiebelringe auf dem Grillspieß anrichten. Dazu passen: fertige Schaschliksoße, Tomatenketchup, Reis und Salate.
Übrigens: Die ausgebackenen Zwiebelringe können Sie auch als leckere Party-Knabberei anbieten.

Kalbsnieren-Spieß mit Champignons

4 Portionen à 520 Kalorien

1–2 Kalbsnieren (sie können noch mit wenig Fett umrandet sein)
2 Eßlöffel Öl
Salz, Pfeffer
8 Speckscheiben
500 g Kartoffeln
1/2 Dose Champignons
Petersilie

Nieren in 1 cm dicke Scheiben schneiden und längs auf 4 Metallspieße stecken, einölen, würzen und auf dem geölten Grill oder in einer Grillpfanne von beiden Seiten in ca. 5 Minuten garen. Die Speckscheiben in einer Pfanne braten, in dem Speckfett die geschälten, gewürfelten Kartoffeln garen und auf einer Platte anrichten. Die Champignons in der Brühe erhitzen, mit Petersilie bestreuen und um die Kartoffeln anrichten. Die Spieße und die Speckscheiben auf die Kartoffeln legen und servieren.

Grillspieß mit Kalbfleisch

4 Portionen à 225 Kalorien

400 g Kalbfleisch
4 Schalotten
1/2 Teelöffel getrocknetes Basilikum, Pfeffer
1/2 Bund Petersilie
1/2 Zitrone, 2 Eßl. Öl
2 Scheiben Speck, Salz

Kalbfleisch in 3 cm große Würfel schneiden und zusammen mit den geviertelten Schalotten oder Zwiebeln, Basilikum, Pfeffer, Petersilie, Zitronenscheiben und dem Öl gut 1 Stunde marinieren. Fleisch, Zwiebeln und den in Stücke geschnittenen Speck abwechselnd auf Spieße reihen, salzen und ca. 10 Minuten unter ständigem Wenden oder Drehen im Grill garen.

Wurstspieße

4 Portionen à 95 Kalorien

12 dünne Scheiben Schinkenwurst, 2 Teel. Senf, 2 Eßl. geriebener Käse, 1 grüne Paprikaschote, Essiggurken Worcestersoße

Schinkenwurstscheiben mit einer Mischung aus Senf und geriebenem Käse bestreichen und je ein Stück Paprikaschote sowie 1 Scheibe Essiggurke darauflegen. Zusammenfalten und auf Spieße stecken. 4 Minuten grillen oder in der Pfanne braun braten und dann mit Worcestersoße beträufeln.

Apfel-Leberspieß

4 Portionen à 305 Kalorien

2 mürbe Äpfel
Saft von 1/4 Zitrone
8 sehr dünne Speckscheiben
16 dünne, längliche Leberschnitten
Thymian, Salz, Paprika

Äpfel schälen, entkernen, achteln und mit Zitronensaft beträufeln. Speckscheiben halbieren und auf jede Speckhälfte eine Leberscheibe legen. Mit Thymian, Salz und Paprika würzen, die Apfelstücke darauf verteilen, die Speckscheiben mit dieser Füllung einrollen. Röllchen auf 4 Spieße stecken, etwa 8 Minuten grillen.

Grillwurst am Spieß

4 Portionen à 500 Kalorien

2 Paar gebrühte Bratwürste
1/2-kg-Dose Pariser Karotten, 1/3 Teel. Curry
1/2 Teel. Suppenwürze
1/3 Teel. Paprika, 2 Eßl. Öl
1 Eßl. Butter

Bratwürste in je 4 Teile schneiden und abwechselnd mit den Karotten auf 4 Spieße stecken. Curry mit Suppenwürze und Paprika mischen und die Spieße damit bestreuen. Spieße ca. 8 Minuten im geölten Grill bräunen lassen, mit Margarine bestreichen. Als Beilagen mit frisch gehackten Kräutern vermischten Reis und eine helle Soße servieren.

Wiener Spieß

Würstchen in 2–3 cm lange Stücke schneiden und abwechselnd mit den Pickles oder Gürkchen mit Perlzwiebeln auf 4 Spieße reihen. Ketchup mit Öl und Paprika verrühren, über die Spieße gießen und diese ca. 20 Minuten in der Soße ziehen lassen. Die Würstchen im Grill ca. 6 Minuten grillen. Als Beilage eignet sich Reis mit einer Bratensoße, die man im Grill bereitet und mit der restlichen Marinade verfeinert hat.

4 Portionen à 365 Kalorien

4 Wiener Würstchen
1 kleines Glas Mixed Pickles oder Essiggurken und Perlzwiebeln
1/3 Tasse Tomatenketchup
3 Eßlöffel Öl
1/2 Teelöffel Paprika

Frankfurter Spieß

Würstchen in 3 cm lange Stücke schneiden, auf Spieße reihen, mit Öl bestreichen und auf dem Grill in ca. 6 Minuten garen. In der Butter feingehackte Zwiebeln anschwitzen, Senf kurz miterhitzen, mit Kondensmilch ablöschen und das nach Vorschrift angerührte Soßenpulver zugeben, aufkochen lassen und die Soße mit Zitronensaft abschmecken. Den Spieß zusammen mit Kartoffelpüree und Salat servieren.

4 Portionen à 495 Kalorien

4 Paar Frankfurter Würstchen
1 Eßlöffel Öl
1 Eßlöffel Butter oder Margarine
1 Zwiebel
1 Teelöffel Senf
3 Eßlöffel Kondensmilch
1 Päckchen Bratensoße
Saft von 1/4 Zitrone

Leberspießchen

Leber in 1 cm dicke Streifen schneiden und mit Öl, den Gewürzen und Zitronensaft 1/2 Stunde marinieren. Den Speck in 3 cm lange Stücke schneiden und mit den Leberstücken abwechselnd auf vier Spieße stecken. Spieße in einer Grillpfanne ca. 8 Minuten garen und zuletzt leicht salzen. Nach dem Grillen im Bratfett die in feine Scheiben geschnittene Zwiebel gelb anschwitzen, mit Paprika bestäuben, mit der Sahne ablöschen und etwas einkochen lassen. Das mit warmem Wasser angerührte Soßenpulver dazugeben, nach Vorschrift auf der Packung kochen und die Soße zu den Spießen reichen. Als Beilage Reis oder Kartoffelpüree (eventuell Fertigprodukt) servieren.

4 Portionen à 380 Kalorien

400 g Kalbs- oder Schweineleber
2 Eßlöffel Öl
Thymian, Pfeffer
Saft von 1/2 Zitrone
4 Speckscheiben
Salz, 1 Zwiebel
1 Teelöffel Paprika
1/4 l saure Sahne
1 Päckchen Tomatensoße

Gegrilltes Kalbsfilet auf Spießchen ▸

4 Portionen à 400 Kalorien

500 g Kalbsfilet
Saft von 1/2 Zitrone
Salz, Pfeffer
1 Paket Tiefkühl-Erbsen
1 Dose Artischockenböden
1 kleine Dose Steinpilze
1 Eßlöffel Margarine
etwas feingehackte Petersilie
1 Eßlöffel Öl

Entfettetes Fleisch in 8–12 gleich große Stücke schneiden. Leicht klopfen, mit Zitronensaft beträufeln, salzen und pfeffern und 1 Stunde kalt stellen. Die Erbsen wie auf der Packung angegeben zubereiten. Danach Artischockenböden und Pilze (ohne Saft) in Margarine leicht anbraten und mit feingehackter Petersilie bestreuen. Fleisch einölen und in geölter Grillpfanne von beiden Seiten je 4 Minuten grillen. Um das typische Grillmuster zu erhalten, werden dabei die Fleischstükke um je 1/4 Drehung versetzt. Dann das Fleisch auf drei Spießchen in eine Artischocke stecken, mit Petersilie garnieren und auf einer ovalen Platte anrichten. Die Pilze darumlegen und darauf die mit den grünen Erbsen gefüllten Artischockenböden anrichten.

„Ochsenaugen" in der Folie

4 Portionen à 190 Kalorien

1 Eßlöffel Margarine
4 Eier
Salz, Pfeffer
Tomatenketchup
4 Scheiben Speck
Aluminiumfolie

Aus der Folie 4 kleine Pfannen formen. Darin das Fett zergehen lassen. Eier in die Förmchen geben, salzen, pfeffern und unter dem Grill kurz backen. Zum Schluß etwas Tomatenketchup und die nebenher auf dem Grill gegarten Speckscheiben zu den „Ochsenaugen" reichen. Mit Brot servieren.

Großer Filetspieß ▸

4 Portionen à 550 Kalorien

600 g Schweine-, Kalbs- und Rinderfilet
1 Zwiebel
4 Scheiben Speck
2 grüne Paprikaschoten
Salz, Pfeffer, 4 Eßl. Öl
Für die Soße: 2 Tassen Weißwein, 1 Schalotte
2 Päckchen Bratensoße
1 Prise scharfer Paprika

Filets in 1 cm dicke Scheiben schneiden und abwechselnd mit Zwiebel-, Speck- und Paprikawürfeln auf einen Spieß reihen. Salzen, pfeffern, mit Öl beträufeln und auf dem Grill ca. 3 Minuten rösten.
Für die Soße: Weißwein mit der feingehackten Schalotte bis auf 1/3 einkochen lassen, das nach Vorschrift angerührte Soßenpulver zugeben, durchkochen lassen und mit Paprika abschmecken. Dazu paßt Reis.

Deutsche Beefsteaks

4 Portionen à 200 Kalorien

375 g Rinderhackfleisch
1 Ei, 1/2 Brötchen
Salz, Pfeffer
Muskat, Zwiebelpulver
2 Eßlöffel Öl

Rinderhack mit Ei, dem in Wasser eingeweichten und gut ausgedrückten Brötchen, Salz, Pfeffer, Muskat und Zwiebelpulver vermischen. Grillpfanne leicht einölen und erhitzen, 4 Steaks aus der Fleischfarce formen, mit Öl beträufeln und auf jeder Seite 4–5 Minuten grillen, dabei auf jeder Seite einmal versetzen, damit die Steaks ein hübsches Muster bekommen. Die deutschen Beefsteaks mit Salzkartoffeln, Kräuterbutter und beliebigem Gemüse servieren.
Schnell und einfach zu bereiten ist Blumenkohlgemüse: 1 Blumenkohl und 1 geschälte Zwiebel in sehr feine Scheiben hobeln. Die Zwiebelringe in etwas Butter andünsten und dann den Blumenkohl hinzufügen. Mit $^1/_2$ Teelöffel Aromat oder Fondor bestreuen, kurz weiterdünsten und nun $^1/_8$ l Milch und 1 Prise geriebene Muskatnuß hinzufügen. Bei schwacher Hitze in etwa 10 Minuten gar dünsten und mit Petersilie bestreut servieren.

Gegrillte Tatarbeefsteaks

4 Portionen à 590 Kalorien

400 g Rinderhack
Salz, gemahlener schwarzer Pfeffer
Muskat
1 Ei
2 Eßlöffel Öl
3 Zwiebeln
1/2 Becher geriebener Meerrettich
500 g Möhren
400 g Sellerieknolle
250 g Kartoffeln
1 Eßlöffel Margarine

Rinderhack mit Salz, Pfeffer, Muskat und Ei gut vermischen und 4 Steaks daraus formen. Eine Grillpfanne einölen, erhitzen und die Beefsteaks darin auf jeder Seite etwa 4 Minuten grillen (sie sollen innen noch leicht rosa sein). Die Tatarbeefsteaks mit einigen nicht zu dünn geschnittenen Zwiebelringen belegen. In diese Zwiebelringe geriebenen Meerrettich füllen. Für das Gemüse: Möhren, Sellerie und Kartoffeln waschen und schälen, alles Gemüse in 2–3 cm große Stücke schneiden. Zwiebelscheiben in Margarine hellgelb dünsten und Gemüse zugeben. Mit einer Tasse Wasser auffüllen, salzen, pfeffern und zugedeckt gar dünsten. Das Gemüse danach sehr fein pürieren und mit geriebenem Muskat abschmecken. Auf einer Platte mit Tomatenachteln und Petersiliensträußchen hübsch anrichten. Dazu schmeckt Bier.

Würstchenspieß mit Currysoße ▸

Würstchen halbieren und auf einen Spieß gesteckt über dem Holzkohlengrill ca. 5 Minuten braten. Auf körnig gekochtem Reis anrichten und dazu folgende Currysoße reichen: Mayonnaise, Curry, Salz und Zucker verrühren, mit Zitronensaft und feingehackter Zwiebel abschmecken und das gewürfelte Ei unterheben. (Foto folgende Seite oben)

4 Portionen à 300 Kalorien

4 Brühwürstchen
1 Tube Mayonnaise, 1 Teel. Curry, je 1 Prise Salz und Zucker, 1 Teel. Zitronensaft
1 Zwiebel, 1 hartgek. Ei

Gegrillte Wurstscheiben mit Senfsoße

Schinkenwurst enthäuten und mit etwas Öl beträufeln. Grillpfanne leicht einölen und erhitzen. Wurstscheiben hineinlegen und bei mittlerer Hitze auf jeder Seite ca. 2 Minuten grillen – dabei auf jeder Seite einmal versetzen, damit das Grillmuster entsteht. Für die Senfsoße: Zwiebel schälen und würfeln, Essiggurke fein hacken. Beides in Fett gelblich dünsten, Senf und Rotwein hinzufügen und 2–3 Minuten kochen. Dann etwa 1/8 l Wasser und das Bratensoßenpulver dazugeben und aufkochen. Wurstscheiben in der Senfsoße anrichten.

4 Portionen à 120 Kalorien

4 Scheiben Schinkenwurst à 100 g, 1 Eßlöffel Öl
Für die Senfsoße:
1 Zwiebel
1 Essiggurke
1 Eßlöffel Butter oder Margarine
2 Eßlöffel Senf
1/8 l Rotwein
2 Teelöffel Instant-Bratensoße

Ungarische Leberspieße ▸

Die Leber in 1 cm dicke Stücke schneiden und mit Öl, Thymian, Pfeffer und Zitronensaft 1/2 Stunde marinieren. Den Speck in 3 cm lange Stücke schneiden, abwechselnd mit den Leberstücken auf vier Spieße stecken und diese auf dem geölten Grill oder in der Grillpfanne unter häufigem Wenden in ca. 6 Minuten garen. Dazu Reis oder Teigwaren und folgende Soße reichen: Feingeschnittene Zwiebelstreifen im aufgefangenen Speckfett anschwitzen, mit Paprika bestäuben, mit Sahne ablöschen, etwas einkochen lassen und mit der getrennt zubereiteten Tomatensoße mischen. (Foto folgende Seite unten)

4 Portionen à 430 Kalorien

400 g Kalbs- oder Schweineleber
ca. 2 Eßlöffel Öl
Thymian, Pfeffer
Saft von 1/4 Zitrone
4 dick geschnittene Speckscheiben, Salz
Für die Soße: 1 Zwiebel
1 Teelöffel Edelsüß-Paprika
1 Tasse saure Sahne
1 Beutel Tomatensoße

◂ Gegrillte Käsespießchen

4 Portionen à 520 Kalorien

2 cm dicke Scheiben Tilsiter Käse, Früchte wie Ananas, Maraschinokirschen, Pfirsiche, Birnen und Bananen
Oliven, Perlzwiebeln
Paprika, Essiggurken

Den Käse in Würfel schneiden und mit den ungefähr gleich groß geschnittenen Frucht- oder Gemüsewürfeln abwechselnd auf kleine Spieße reihen. Die Spieße auf eine in den Grill passende feuerfeste Platte legen, überbacken, bis der Käse leicht geschmolzen ist. Eventuell zuletzt mit etwas Cayennepfeffer bestreuen. (Foto vorhergehende Seite oben)

Gebackene Kartoffeln

4 Portionen à 245 Kalorien

8 große Kartoffeln
Salz, Aluminiumfolie
40 g Butter oder Margarine

Die ungeschälten Kartoffeln waschen und bürsten. Mit Salz bestreuen und jede Kartoffel doppelt in Folie einwickeln. Die Kartoffeln im Grill oder in der heißen Holzkohle ca. 50 Minuten backen. Wenn sie gar sind, Folie (und damit die Kartoffeln) einschneiden und darauf ein Stück Butter zergehen lassen.

Toast „Hawaii" mit Fruchtcocktail

4 Portionen à 250 Kalorien

4 Scheiben Toastbrot
1/2 Dose Fruchtcocktail
1/2 Tasse gewürfelter Käse
2 Eßl. Weißwein, Pfeffer
4 Teel. Tomatenketchup
Silberzwiebeln

Im Grill gerösteten, gebutterten Toast mit den gut abgetropften Früchtewürfeln und dem Käse belegen, mit Weißwein beträufeln, pfeffern und unterm Grill kurz überbacken, bis der Käse leicht zerläuft. Auf die Toastscheiben 1 Teelöffel Ketchup geben und mit Silberzwiebeln belegen.

◂ Gegrillte Schinkenröllchen

4 Portionen à 260 Kalorien

8 dünne Scheiben gekochter Schinken
Senf
8 dünne Käsescheiben
Sherry oder Madeira

Schinkenscheiben mit etwas Senf bestreichen, die Käsescheiben darauflegen und mit Sherry beträufeln. Vorsichtig zusammenrollen und mit einem kleinen Holzspieß feststecken. Im leicht geölten Grill kurz überbacken. Mit Petersilie, Salatblatt und in Streifen geschnittener, roter Paprikaschote garnieren. (Foto vorhergehende Seite unten)

Tatarbeefsteak „Bouquetière"

Beefsteakhack mit Aromat oder Fondor, etwas Pfeffer, Salz, dem Eigelb und Mineralwasser mischen, gut verkneten und 4 Steaks daraus formen. Eine Grillpfanne sehr heiß werden lassen und die Steaks auf jeder Seite 2 Minuten grillen. Die Pfefferkörner daraufstreuen und leicht eindrücken. Mit Eischeiben garniert anrichten. Mit Brot und Salat servieren.

4 Portionen à 160 Kalorien

375 g Beefsteakhack (Tatar)
1/2 Teelöffel Aromat oder Fondor
schwarzer Pfeffer
1/4 Teelöffel Salz
1 Eigelb
3 Eßlöffel Mineralwasser
1 Teelöffel grüner Pfeffer
1 hartgekochtes Ei

Kräuterfrikadellen im Schweinsnetz

Schweinsnetz in 4 Teile schneiden. Das Gehackte mit dem eingeweichten und gut ausgedrückten Brötchen, dem Ei und den Gewürzen vermengen und in die Schweinsnetze einschlagen. Die Tomaten oben einschneiden, etwas salzen, pfeffern und zu den Frikadellen auf den Grill legen, mit Öl bepinseln. Frikadellen auf jeder Seite ca. 3 Minuten braten. Bohnen mit Margarine in ein feuerfestes Geschirr geben und ebenfalls im Grill heiß werden lassen.

4 Portionen à 540 Kalorien

200 g Schweinsnetz
350 g Schweinegehacktes
1 altbackenes Brötchen
1 Ei
1 Messerspitze Thymian
Basilikum oder
1/2 Teelöffel gemahlener Kümmel
1/2 Teelöffel abgeriebene Zitronenschale
1 Knoblauchzehe
2 gehackte Schalotten
4 Tomaten, etwas Öl
1 Dose Brechbohnen
1 Teelöffel Margarine

Lecker gefüllte Fleischwurst

Fleischwurst in 4 Teile und jedes Teil zweimal längs durchschneiden. Jede Lage mit 1/2 Scheibe Käse und mit einem Stück Paprika belegen. Die drei Lagen jeweils aufeinandersetzen und mit einem Spieß, mit einigen Champignons besteckt, zusammenhalten. Auf dem Holzkohlengrill ca. 6 Minuten grillen. Dazu serviert man gebackene Kartoffeln in der Folie.

4 Portionen à 475 Kalorien

400 g Fleischwurst
8 Scheiben Gouda-Käse
2 rote Paprikaschoten
1 kleine Dose Champignons

Hamburger

4 Portionen à 345 Kalorien

500 g durchwachsenes Rindfleisch, gehackt
1 feingewürfelte Zwiebel
2 Teelöffel Worcestersoße
Salz, Pfeffer
1 Löffelspitze Glutamat
2 Eßlöffel Öl
4 runde Brötchen

Fleisch mit Zwiebelwürfeln, Worcestersoße, Salz, Pfeffer und Glutamat vermischen, die Masse halbieren und zu runden, ca. 1 cm dicken „Hamburgern" formen. Die Hamburger mit Öl bestreichen und in der Grillpfanne oder auf dem Grill auf jeder Seite in ca. 3 Minuten garen. Die Steaks dabei auf einer Seite fertiggrillen, danach umdrehen und die Oberseite garen; die Steaks bleiben nicht so saftig, wenn sie mehrmals umgewendet werden. Die halbierten Brötchen ebenfalls auf den Schnittflächen grillen, jedes Steak zwischen die Hälften eines Brötchens legen, mit Zwiebelringen, Mixed Pickles und dergleichen garnieren.

Tip: *Die rohen Leberscheiben für den Lebertoast können zusätzlich noch mit etwas Basilikum gewürzt oder mit etwas Senf bestrichen werden.*

Lebertoast ▸

4 Portionen à 320 Kalorien

4 Scheiben Kalbsleber
Salz, Paprika, Mehl
2 Teelöffel Butter oder Margarine
2 Äpfel, 2 Zwiebeln
4 Scheiben Toastbrot

Kalbsleber mit Salz und etwas Paprika würzen, in Mehl wenden und mit Butter oder Margarine bestrichen von jeder Seite ca. 3 Minuten grillen, 8 Apfelscheiben und Scheiben von den Zwiebeln in Fett braten, Leber auf 4 geröstete Toastscheiben legen und mit den Apfel- und Zwiebelscheiben garnieren.

Toast „Hawaii" ▸

4 Portionen à 300 Kalorien

4 Scheiben Toastbrot
Butter oder Margarine
16 Scheiben dünn geschnittener Lachsschinken
8 Ananasscheiben
4 Scheiben Käse
Rosenpaprika

Toastbrot toasten und mit Butter oder Margarine bestreichen. Etwas Butter in einer Pfanne erhitzen. Lachsschinken darin anbraten, je 4 Scheiben auf 1 Scheibe Brot geben und mit je 2 Ananasscheiben bedecken. Mit je 1 Scheibe Käse belegen. Leicht mit etwas scharfem, rotem Paprika oder Cayennepfeffer überstäuben und im Grill kurz überbacken, bis der Käse gerade zu schmelzen beginnt.

1
2
3

Rührei-Käse-Brötchen

4 Portionen à 590 Kalorien

8 Eier
6 Eßlöffel süße Sahne
oder Kondensmilch
Salz, Pfeffer
Muskat, etwas Aromat
oder Fondor
2 Essiggurken
4 Brötchen
2 Eßlöffel Butter
oder Margarine
200 g dünn aufgeschnittener Schweizer
Käse, etwas Paprikapulver

Eier mit Sahne verquirlen, mit Salz, Pfeffer, Muskat und Aromat oder Fondor würzen und die feingewürfelten Essiggurken zugeben. Von den Brötchen einen Deckel abschneiden, Brötchen etwas aushöhlen, in Butter oder Margarine braten, herausnehmen und in dem restlichen Fett die Rühreier bereiten und in die Brötchen füllen. Die Brötchen mit dem Käse bedekken, unter dem Grill kurz überbacken und zuletzt mit Paprika bestäuben. Bunt gemischten Salat dazu reichen. (Foto Seite 69, oben, 1)

Gefülltes Hackfleisch-Brötchen

4 Portionen à 255 Kalorien

2 Scheiben Räucherspeck
1 Zwiebel
1 Knoblauchzehe
125 g gemischtes
Hackfleisch, Salz
Pfeffer, 1 Prise Thymian
1/2 Teelöffel milder Paprika
3 Eßlöffel Tomatenketchup
4 Brötchen, gefüllte
Oliven, 1 Teel. Butter

Speck in Würfel schneiden, auslassen. Zwiebelwürfel darin bräunlich anschwitzen, zerdrückten Knoblauch und Hackfleisch zugeben. Hackfleisch mit der Gabel grob zerkleinern, würzen und mit Tomatenketchup verrühren. Von den Brötchen einen Deckel abschneiden, das Innere etwas aushöhlen, die Brötchen mit dem Hackfleisch füllen, mit den Olivenscheiben belegen und heiß servieren. Nach Belieben mit Mixed Pickles oder frischen, pikant angemachten Salaten reichen. (Foto Seite 69, oben, 2)

Nürnberger Brötchen

4 Portionen à 520 Kalorien

12 Stück Nürnberger
Bratwürstchen
8 Eßlöffel Schaschliksoße
(Fertigprodukt)
4 Brötchen
2 Teelöffel Butter
oder Margarine
2 Eßlöffel saure Sahne
4 Teelöffel geriebener Käse

Nürnberger Würstchen in einer geölten Grillpfanne ca. 4 Minuten braten. Zuletzt die Schaschliksoße mit den Würstchen kurz in der Pfanne erhitzen. Von den Brötchen einen Deckel abschneiden und etwas aushöhlen, die Schnittfläche in Butter oder Margarine kurz anbraten. Die Schaschliksoße in die Brötchen einfüllen, mit den Bratwürstchen belegen, mit saurer Sahne begießen und mit Käse bestreuen. Unterm Grill kurz überbacken. (Foto Seite 69, oben, 3)

Überbackene Käsebrote mit Champignons ▸

Brot toasten, mit Butter oder Margarine bestreichen und mit je 1 Scheibe Danbo-Käse belegen. Champignons in Scheiben schneiden, mit saurer Sahne, Salz, Pfeffer und etwas Knoblauchpulver vermischen, auf das Käsebrot legen, mit Käsestreifen garnieren und im Grill ca. 5 Minuten überbacken. Zuletzt mit etwas gehackter Petersilie garnieren. (Foto folgende Seite oben)

4 Portionen à 210 Kalorien

4 Scheiben Toastbrot
Butter oder Margarine
8 Scheiben Danbo-Käse
1/4 Dose Champignons
2–3 Eßlöffel saure Sahne
Salz, Pfeffer
etwas Knoblauchpulver
Petersilie

Überbackene Käsebrote mit Birnen ▸

Brot toasten, mit Butter oder Margarine bestreichen. Mit rohen Schinkenscheiben und je 1 Scheibe Danbo-Käse belegen. Je 1/2 Kompottbirne daraufsetzen, mit 1 Käsescheibe abdecken und im Grill ca. 5 Minuten überbacken. Zuletzt mit mildem Paprika bestäuben und servieren. Salat dazu reichen. (Foto folgende Seite oben)

4 Portionen à 310 Kalorien

4 Scheiben Toastbrot
Butter oder Margarine
4 Scheiben roher Schinken
8 Scheiben Danbo-Käse
1/2 Dose Kompottbirnen
etwas milder Paprika

Hamburger mit Käse ▸

Rindfleisch mit feingewürfelter Zwiebel, Worcestersoße, Salz, Pfeffer und Glutamat kurz vermischen, die Masse halbieren und zu runden, ca. 1 cm dicken „Hamburgern" formen. Die Hamburger mit Öl bestreichen und in der Grillpfanne oder auf dem Grill auf jeder Seite 3 Minuten garen. Die Steaks dabei auf einer Seite fertiggrillen, danach umdrehen und die Oberseite garen; die Steaks bleiben nicht so saftig, wenn sie mehrmals umgewendet werden. 4 halbierte Brötchen ebenfalls auf den Schnittflächen grillen, jedes Steak zwischen ein Brötchen legen. Mit je 1 Käsescheibe belegen, mit Zwiebelringen, Oliven, Ketchup, Mixed Pickles und dergleichen garnieren. Dazu eine bunt gemischte Salatplatte reichen. (Foto folgende Seite unten)

4 Portionen à 430 Kalorien

500 g durchwachsenes Rindfleisch, gehackt
1 Zwiebel
1 Teelöffel Worcestersoße
Salz, Pfeffer
1 Löffelspitze Glutamat
2 Eßlöffel Öl
4 Brötchen
4 Scheiben Käse

◂ Lyoner-Delikateß-Toast

4 Portionen à 450 Kalorien

8 Toastscheiben, Butter
Lyoner Wurst oder
Fleischwurst
eventuell kleingewürfelte
Essiggurken
Chester-Käse-Scheiben
Tomatenviertel
Petersilie

Je 2 Toastscheiben mit Butter oder Margarine bestreichen und in die Mulden des Delikateß-Toasters legen. 1 Seite mit Lyoner Wurst, Essiggurken, Käse und wieder Essiggurken und darüber abermals Lyoner Wurst legen. Den Delikateß-Toaster schließen und den Toast auf der Elektroplatte oder auf der Gasflamme goldbraun garen. Mit Tomatenvierteln und gehackter Petersilie beliebig garnieren. (Foto vorhergehende Seite oben)

Schinken-Delikateß-Toast

4 Portionen à 545 Kalorien

8 Toastscheiben
Butter oder Margarine
8 Käsescheiben
gewürfelter roher Schinken
Mixed Pickles

Mulden des Delikateß-Toasters mit je 2 mit Butter oder Margarine bestrichenen Toastscheiben belegen, darauf 2 Käsescheiben und gewürfelten rohen Schinken geben, den Toaster verschließen und auf der Elektroplatte oder auf der Gasflamme goldbraun toasten. Den Toast halbieren, auf Tellern anrichten und mit verschiedenen Mixed Pickles servieren.

Tip: *Delikateß-Toaster sind sehr praktische „Waffeleisen", die auf Kohle-, Gas- oder auch Elektroherden erhitzt werden können.*

◂ Englischer Lunch Toast

4 Portionen à 415 Kalorien

8 Scheiben Toast
4 Filetsteaks à 100 g
Salz, Pfeffer, 1 Teel. Senf
2 Eßlöffel Öl
1/2 Dose Champignons
1 Teel. Butter, 2 Eigelb
3 Eßlöffel Kondensmilch
1/3 Teelöffel Speisestärke
Mixed Pickles
Tomatenketchup
Kopfsalatblätter

Brot toasten, Filetsteaks salzen, pfeffern und mit Senf bestreichen. Mit Öl beträufeln, auf jeder Seite 3 Minuten grillen und auf jeweils eine Scheibe Toast legen. Auf vorgewärmtem Teller anrichten. Champignons mit der Brühe und der Butter aufkochen, Eigelb, Kondensmilch und Speisestärke verquirlen, Champignons damit binden. Nur einmal aufkochen lassen, damit das Eigelb nicht gerinnt, und auf den restlichen 4 Toastscheiben verteilen. Mixed Pickles auf Salatblättern anrichten und mit Ketchup garnieren. Meerrettich auf die Steaks geben. (Foto vorhergehende Seite unten)

Ragout fin im Eierrand

Das Ragout fin mit Kondensmilch und Weißwein erhitzen. Aus Eiern, Schnittlauch, Salz und Butter Rühreier bereiten. Rührei in eine kleine feuerfeste Schale geben, an den Rand schieben und die Mitte mit dem Ragout füllen, mit Käse bestreuen, die restliche Butter oder Margarine daraufgeben und im Grill kurz überbacken. Als Beilagen passen Reis oder Kartoffelbrei und grüner Salat.

4 Portionen à 210 Kalorien

1/4 Dose Ragout fin
2 Eßlöffel Kondensmilch
1 Eßlöffel Weißwein
6 Eier
Schnittlauch
Salz
2 Teelöffel Butter oder Margarine
1 Eßlöffel geriebener Käse

Ragout fin in Tomaten

Von den Tomaten einen Deckel abschneiden, aushöhlen, innen salzen und mit der Öffnung nach unten auf ein Gitter zum Abtropfen legen. Das Ragout erhitzen, feingehackte Sardellenfilets, Schalotte oder Zwiebel, Gurke und Zitronenschale daruntergeben und die Tomaten damit füllen. Mit den feinzerdrückten Kräckers oder Zwiebäcken bestreuen, mit Öl beträufeln und im Grill ca. 3 Minuten überbacken. Die Tomaten auf Reis anrichten und mit einem pikant angemachten, grünen Salat servieren.

4 Portionen à 175 Kalorien

8 mittelgroße Tomaten
Salz
1/2 Dose Ragout fin
2 Sardellenfilets
1 Schalotte oder 1/2 Zwiebel
1 Essiggurke
abgeriebene Schale von 1/4 Zitrone
3–4 Kräckers oder Zwiebäcke
2 Eßlöffel Öl

Ragout fin in Näpfchen

Ragout mit Kondensmilch erhitzen, mit Worcestersoße, Zitronensaft und Petersilie würzen und in 4 Näpfchen füllen. Mit Semmelbröseln bestreuen, leicht mit Currypulver bestäuben und die Butter in Flöckchen darauflegen. Im Grill goldbraun überbacken. Ragout als kleinen Imbiß mit Toast, Butter und grünem Salat servieren.

4 Portionen à 100 Kalorien

1/2 Dose Ragout fin
2 Eßlöffel Kondensmilch
1 Teelöffel Worcestersoße
Saft von 1/4 Zitrone
1 Teelöffel gehackte Petersilie
1 Eßlöffel Semmelbrösel
Currypulver
1 Teelöffel Butter

Double-Burger ▸

4 Portionen à 420 Kalorien

500 g durchwachsenes Rindfleisch, gehackt
2 Eier, 2 Teel. Worcestersoße, Salz
Pfeffer, Glutamat
1 Löffelspitze Knoblauchpulver oder salz, Senf
2 Essiggurken, 1 Zwiebel
2 rote Paprikaschoten
2 Eßlöffel geriebener Käse
2 Eßl. Öl, 4 runde Brötchen

Hackfleisch mit Eiern, Worcestersoße, Salz, Pfeffer, Glutamat und Knoblauchpulver oder -salz vermischen und 4 runde Steaks daraus formen. 2 dieser Steaks mit Senf bestreichen, mit gewürfelter Essiggurke, Zwiebel, Paprikaschote und geriebenem Käse belegen, mit den übrigen Steaks bedecken, leicht andrücken und unterm Grill von jeder Seite in ca. 3 Minuten braten. Die Double-Burger zwischen den aufgeschnittenen und gerösteten Brötchen anrichten, Tomatenketchup oder eine andere scharfe Soße dazu reichen.

Überbackener Camembert-Toast ▸▸

4 Portionen à 185 Kalorien

4 Scheiben Toastbrot
Butter
4 Scheiben Camembert
Cayennepfeffer
Kümmel, 2 Tomaten
1/2 Bund Petersilie

Die gebutterten Toastscheiben mit je 1 Scheibe Camembert belegen und unterm Grill überbacken, bis der Käse schmilzt. Mit 1 Prise Cayennepfeffer und Kümmel bestreuen. Mit Tomatenachteln und Petersilie garnieren. Wer's süß mag, gibt zum Schluß 1 Teelöffel Preiselbeeren auf den Käse.

Sandwiches mit gegrillten Beilagen ▸

4 Portionen à 365 Kalorien

8 Toastscheiben
40 g Senfbutter
einige Salatblätter
8 Cocktailwürstchen
4 Gervais-Ecken
Champignons
und Tomatenschnitze

4 Portionen à 420 Kalorien

4 Toastscheiben
4 kleine Rumpsteaks
etwas Öl, Salz, Pfeffer
2 Eßlöffel Mayonnaise
roter Paprika
einige Shrimps

Zwischen 2 mit Senfbutter bestrichenen Toastscheiben ein Blatt Kopfsalat, gegrillte Cocktailwürstchen, kleine Gervais-Ecken, gegrillte Champignons und Tomatenschnitze legen.

Rumpsteaks mit Öl bepinseln, auf jeder Seite 3 Minuten grillen und danach salzen und pfeffern. Mit einem Blatt Salat zusammen auf einer mit Mayonnaise bestrichenen Toastscheibe anrichten. Darauf kommen eine rote zerkleinerte Paprikaschote, angebratene Shrimps, Tomatenscheiben und zur Garnitur ein Spießchen mit Champignons und Tomatenschnitzen.

Muschel-Rührei-Toast

4 Portionen à 245 Kalorien

4 Toastscheiben
6 Eier
2 Eßlöffel Kondensmilch
Salz, Pfeffer, Butter
1 Dose spanische Muscheln
geriebener Käse

Toastscheiben rösten, Eier mit Kondensmilch oder Sahne verrühren, salzen, pfeffern und in etwas Butter oder Margarine Rühreier bereiten. Rühreier auf Toastscheiben verteilen und mit den Muscheln belegen. Den Toast mit Käse bestreuen und unter dem Grill ganz kurz (ca. 2–3 Minuten) überbacken.

Sardellen-Pizza-Brot

4 Portionen à 200 Kalorien

4 Scheiben Bauernbrot
3 Eßlöffel Öl
geriebener Schweizer Käse
Tomatenscheiben
etwas Thymian, Majoran
und Knoblauchpulver
Sardellenfilets
Oliven, Perlzwiebeln

Brot in Öl auf beiden Seiten anrösten, dick mit geriebenem Schweizer Käse bestreuen, mit Tomatenscheiben belegen, mit den Gewürzen bestreuen, mit Sardellenfilets und Olivenscheiben bedecken, nochmals mit Käse bestreuen und mit Öl beträufeln. Die Sardellenbrote unter dem Grill ca. 3–4 Minuten überbacken. Mit Perlzwiebeln und Oliven garnieren. Je nach Geschmack kann auch auf die Sardellen und Oliven verzichtet werden.

Champignontoast

4 Portionen à 210 Kalorien

4 Scheiben Toastbrot
1/2 Becher Frischcreme
1/4 Dose Champignons
1/2 Tasse gewürfelter Käse
Salz, 1/2 Teelöffel Curry

Auf den im Grill gerösteten, gebutterten Toast die Frischcreme verteilen, die abgetropften Champignons und die Käsewürfel darauflegen. Salzen und im Grill kurz überbacken, bis der Käse zu schmelzen beginnt. Zuletzt mit Curry bestäuben.

Pfirsich-Käse-Toast

4 Portionen à 280 Kalorien

4 Scheiben Toastbrot
4 Scheiben Käse, 4 halbierte
Pfirsiche, 1/2 Tasse gewürfelter Schinken
Paprika, Weinbrand

Den im Grill gerösteten, gebutterten Toast mit Käsescheiben und den in Scheiben geschnittenen Pfirsichen belegen und mit Schinkenwürfeln bestreuen. Im Grillgerät überbacken, bis der Käse leicht zerläuft. Zuletzt mit etwas Paprika und einigen Tropfen Weinbrand oder Cognac würzen.

Orientalisches Fleischfondue ▸

Fleischscheiben auf einer Platte anrichten. Für die Fleischbrühe: Zwiebeln und Knoblauchzehe schälen, fein hacken, in etwas Butter hellgelb dünsten. Weißwein zugießen und fast verkochen lassen. Pfeffer, ca. 1 l Wasser, Fondor und Brühwürfel zufügen und ca. 10 Minuten kochen lassen. Durch ein Sieb in den Fonduetopf gießen und mit 1 Schuß Sherry abschmekken. Auf dem brennenden Rechaud siedend heiß halten. Fleischscheiben mit der Fonduegabel aufspießen und in der heißen Brühe garen lassen.

Pro Portion
ca. 655 Kalorien

Pro Person 200 g Kalbs- oder Schweinefilet (in ganz dünne Scheiben geschnitten)
Für die Fleischbrühe:
2 Zwiebeln
1 Knoblauchzehe, Butter
1 Weinglas Weißwein
1 Teelöffel Pfefferkörner oder grüner Pfeffer
1 Teelöffel Fondor
1 Würfel Fleisch- oder Hühnerbrühe, Sherry

Dazu passen folgende Soßen:

Aprikosen-Curry-Soße

Etwa 10 Silberzwiebelchen fein hacken und mit 1/2 Glas Mayonnaise, 1 oder 2 Teel. Curryextrakt, 1 Eßl. Aprikosenmarmelade, etwas Rum und Salz mischen.

Dillsoße

Ungefähr 2 Eßlöffel süßen Senf mit 1 Becher saurer Sahne verrühren. 1/2 Bund Dill fein schneiden, daruntermischen. Mit Salz, Pfeffer, Korn oder Gin würzen.

Paprikasoße

Eine geschälte Knoblauchzehe mit etwas Salz bestreuen, fein zerquetschen und mit 2 Teelöffel Paprikamark und 1/2 Glas Mayonnaise gut verrühren. Mit Cayennepfeffer oder Tabasco die nötige Schärfe geben.
Außerdem können Sie zum Orientalischen Fondue als Beilagen reichen: Tomatenketchup oder Schaschliksoße, Chutneysoße und Senfsoße, Fruchtsoßen und Senffrüchte, Mixed Pickles oder Cornichons, Silberzwiebelchen und Meerrettich, den Sie mit etwas Schlagsahne oder Mayonnaise mischen können. Mixen Sie außerdem Ihre beliebteste kalte Soße, vielleicht eine Kräutersoße. Und bereiten Sie Salat vor – viel knackig frischen grünen Salat, Radieschen, Paprikaschoten und Tomaten. Dann fehlen nur noch frisches Weißbrot oder Kartoffelchips und Weißwein oder Weißherbst.
Das Beste an diesem Fondue ist die Fleischbrühe, die man nach dem Essen noch einmal abschmeckt, dann in kleine Tassen füllt und genüßlich schlürft oder auslöffelt. Wer mag, kann noch eine Handvoll Glasnudeln hineingeben und darin glasig kochen. So macht man es in Ostasien. (Foto folgende Seite unten)

KRAFT
Soße

◀ *Fondue Bourguignonne*

Sehne, Haut und Fetteile an der Rinderlende entfernen. Fleisch in $2^1/_2$ cm dicke Würfel schneiden und auf einer Platte anrichten. Fett im Fonduetopf auf dem Herd erhitzen und auf dem Rechaud heiß halten. Fleischstücke, einzeln an Spießchen gesteckt, im Fett beliebig lange garen. Als Beilagen eignen sich besonders: Stangenbrot, Pommes chips, Cornichons, Perlzwiebeln, schwarze, entsteinte Oliven sowie folgende Cremes und Soßen.

5 Portionen à 980 Kalorien

1 kg Rinderlende
gut abgehangen, 1 l Öl
oder 1 kg Pflanzenfett

Avocado-Creme

Avocados halbieren und den Kern herausnehmen. Fruchtfleisch mit einem kleinen Löffel aus der Schale lösen. Avocado-Fleisch mit Mandeln, Essig, Zwiebel- und Knoblauchpulver, Pfeffer, Salz im Mixer pürieren.

2 reife Avocados
50 g geschälte Mandeln
2 Eßlöffel Weinessig
etwas Zwiebel- und Knoblauchpulver
schwarzer Pfeffer, Salz

Soße Chateaubriand

Schalotten schälen, Champignons waschen und beides zusammen grob hacken. Mit Lorbeerblatt, Thymian und Weißwein so lange kochen, daß beim Durchseihen $^1/_3$ Tasse Flüssigkeit übrigbleibt. Fleischextrakt und Butter nun unter die Flüssigkeit rühren. Nicht mehr kochen lassen und noch heiß servieren.

3 Schalotten
50 g frische Champignons
1/2 Lorbeerblatt
1 Löffelspitze Thymian
1/4 l herber Weißwein
1 gestrichener Teelöffel Fleischextrakt
100 g Süßrahmbutter

Cumberlandsoße

Orange dünn schälen. Schale in feine Streifen schneiden, mit Rotwein und Ingwer 10 Minuten kochen lassen und abkühlen. Zitrone und Orange auspressen, den Saft mit Johannisbeergelee mischen. Senf und Meerrettich darunterrühren, abgekühlten Rotwein und Orangestreifen dazugeben. Die Soße zum Schluß mit Cayennepfeffer abschmecken, kalt servieren.

1 Orange, 1/8 l Rotwein
1 Teelöffelspitze Ingwer
1/2 Zitrone
1 Tasse Johannisbeergelee
1 Teelöffel Senf
1 Eßlöffel geriebener Meerrettich
Cayennepfeffer

Trüffel-Gänseleber-Mousse

Gänseleber-Mousse mit einem Holzlöffel cremig rühren. Trüffel fein hacken, mit Trüffelbrühe und Cognac unter das Gänseleber-Mousse rühren.

1 Dose Gänseleber-Mousse (200 g), 1 kl. Dose Trüffel
1 Eßlöffel Cognac

Fischfondue mit Beilagen

4 Portionen à 420 Kalorien

250 g Seezunge oder
Froschschenkel
500 g Heilbutt
oder echter Lachs
250 g St.-Jakobs-Muscheln
125 g große Champignons
2 Zitronen
1/2 l herber Weißwein
3/4 l Hühnerbrühe
1 Zwiebel, 1 Möhre
1 Porreestange
1 Lorbeerblatt, Pfeffer
Salz, Petersilie

Seezungenfilet, Lachs und Champignons in Scheibchen, den Heilbutt in Würfel schneiden. Die Froschschenkel halbieren. Alles zusammen mit den St.-Jakobs-Muscheln und einigen Zitronenscheiben auf einer großen Platte anrichten. Mit Zitronensaft beträufeln. Weißwein und die kräftig zubereitete Brühe (aus Würfel) aufkochen. Feingewürfelte Zwiebel, Möhre, Porreestange, Lorbeerblatt, Pfeffer, Salz und Petersilie zugeben. Brühe 15 Minuten leicht kochen lassen. Danach in den Fonduetopf gießen und auf dem brennenden Rechaud am Tisch heiß halten. Die Fischstücke, Muscheln, Champignons und Froschschenkel auf Fonduegabeln spießen und in der heißen Brühe jeweils ca. 2 Minuten garen. Dazu werden Soßen gereicht und in Scheiben geschnittenes Pariser Brot. Zuletzt eventuell übrig gebliebene Champignonscheiben und noch etwas gehackte Petersilie zur Brühe geben und diese aus kleinen Tassen trinken. Zum Fischfondue passen folgende Soßen:

Kressesoße

3 Eßlöffel Magerquark, 1 Becher Joghurt natur, 25 g Kresse, 4 Sardellenfilets, 4 Tropfen Tabascosoße, 1/2 Teelöffel Worcestersoße, Salz, 1 Löffelspitze Aromat oder Fondor und den Saft von 1/4 Zitrone im Mixer fein zerkleinern.

Rote Soße

1/2 Tasse Tomatenketchup, 1 Teelöffel Worcestersoße, 2 Eßlöffel geriebener Meerrettich und 1/4 feingeriebene Zwiebel gut miteinander vermischen.
Außerdem eignet sich eine scharf-pikante Chilisoße (Fertigprodukt) sehr gut zum Fischfondue. Als Getränk paßt ein leichter, herber Weißwein.

Fondue „Moderne“

4 Portionen à 1250 Kalorien

1 kg entbeintes Truthahn- oder Hähnchen-Brustfleisch, 2 Zwiebeln
2 Knoblauchzehen
2 Eßlöffel Butter
1/2 l herber Weißwein
1 l kräftige, heiße Geflügelbrühe

Geflügelfleisch entsehnen und häuten. Fleisch in 1/2 cm dicke, beliebig große Scheiben schneiden und roh anrichten. Zwiebeln schälen und fein hacken, Knoblauch schälen, zerquetschen und zerreiben. Butter in Fondue-Steinguttopf (Caquelon) zerlassen, Zwiebeln darin gelb dünsten, Knoblauch hineingeben und Weißwein dazugießen. 10 Minuten kochen, mit Geflügelbrühe auffüllen und am Tisch auf dem Rechaud siedend heiß halten. Fleischstücke einzeln auf Fonduegabeln stecken und darin garen. Dazu schmeckt am besten Stangenbrot oder gekochter Reis, Spargelsalat und Senffrüchte sowie die nachstehend beschriebenen Soßen: Holländische Soße und Currysoße. Beide Soßen sprechen verschiedene Geschmacksrichtungen an: Die Holländische Soße ist mild und voll im Geschmack, die Currysoße von scharf-pikantem Aroma. – Zum Schluß die Brühe mit einem Schuß Rotwein verfeinern und in kleinen Tassen reichen.

Holländische Soße

2 Eigelb
1 Eßlöffel Weißwein
1/2 Zitrone, Salz
200 g Butter

Eigelb mit Weißwein, Zitronensaft und Salz in kleiner Schüssel verquirlen. Schüssel in heißes, aber nicht kochendes Wasser stellen und die Masse cremig schlagen. Butter in der Zwischenzeit – ohne stark zu erhitzen – schmelzen lassen. Butter tropfenweise unter die Eigelbmasse schlagen, die abgesetzte Molke zurücklassen. Die Holländische Soße nur warm (nicht heiß) halten, da sonst das Eigelb gerinnt.

Currysoße

2 Zwiebeln, 4 Eßlöffel Öl
2 Knoblauchzehen
2 Teelöffel Curry, 2 Äpfel
1 Eßlöffel Kokosraspel
1/4 l süße Sahne
2 gestrichene Teelöffel Speisestärke

Feingehackte Zwiebeln in Öl gelb werden lassen. Geriebenen Knoblauch dazugeben, Currypulver daruntermischen und 1 Minute weiterdünsten. Äpfel schälen, vierteln, entkernen und in Scheiben schneiden. Mit Kokosraspeln zu den Zwiebeln geben. Sahne mit Speisestärke verquirlen, dazurühren und 1 Minute weiterdünsten. Die Masse abkühlen, im Mixer pürieren und mit Salz abschmecken. Je nach Wunsch heiß oder kalt reichen.

Japanisches Pfannengericht (Sukiyaki)

4 Portionen à 530 Kalorien

375 g Rinderlende
375 g Kalbslende
1 kg frisches Gemüse
(z. B. 2 Karotten,
2 Zwiebeln, 1 kleiner
Kopf Blumenkohl,
1/2 kleiner Kopf Weißkohl,
1 Gourgette oder Zucchini,
Borretschblätter
und Zwiebelröhren)
50 g Butter, Zucker
Sojasoße, 1/2 Tasse
Rotwein oder Sherry
Eier, Salz, Pfeffer

Vorbereitung in der Küche: Fleisch enthäuten, entsehnen und entfetten. In 1/2 cm dicke Scheiben schneiden, auf einer Platte anrichten und mit Folie zudecken. Das Gemüse putzen, waschen und in dünne Streifen, Blättchen oder Ringe schneiden. Auf einer Platte anrichten und zudecken. Butter mit einem Buntmesser in Scheiben schneiden und auf einen Glasteller legen. Nun 2 Kochbeutel Reis nach Vorschrift kochen. Beim Tischdecken für jeden Esser 1 Bierglas, einen tiefen Teller oder eine Suppentasse mit 1 Gabel bereitstellen. Dazu ein Rechaud mit Pfanne und großer Gabel, Zucker, Sojasoße, Rotwein oder Sherry, Eier, Salz und Pfeffer. Kühles Bier bereitstellen und den Reis anrichten. Außerdem die Platten mit Fleisch und Gemüse dazustellen und die Butter nicht vergessen. Und nun beginnt das Kochen am Tisch:
Die Pfanne erhitzen, die Hälfte der Butter darin zerlassen, 1 Teelöffel Zucker dazurühren und gelblich schwitzen. Mit 1/2 Tasse Sojasoße und Rotwein oder Sherry ablöschen und die Hälfte des Gemüses hineingeben. 4 Minuten kochen und dabei öfter umrühren. Das Gemüse an den Pfannenrand schieben, die Hälfte der Fleischstücke in die Mitte geben, kurz aufkochen und mit Salz und Pfeffer würzen. Auf jeden Eßteller ein Eigelb geben (beim Tischdecken an Schüsselchen für Eischalen und Eiweiß denken!). Das fertige Gemüse und Fleisch auf die Teller füllen und gut mit dem Eigelb vermischen. Während des Essens schon die zweite Hälfte Fleisch und Gemüse zubereiten. – Noch typischer wird dieses asiatische „Fondue“, wenn Sie auch Wasserkastanien, Bohnenkeime, Bambussprossen und Pilze verwenden und statt Reis gekochte Glasnudeln nehmen, die in der Pfanne mit Gemüse und Fleisch vermischt werden. (Foto rechts unten)

Kikkoman

Schokoladen-Fondue

4 Portionen à 790 Kalorien

200 g Schokolade
1/8 l süße Sahne
2 Eßlöffel Weinbrand
oder Kirschwasser
Obst nach Belieben:
Trauben, Kirschen
geschnitzelte Birnen
Äpfel, Mandarinen
(insgesamt ca. 500 g)
ferner kleine Weißbrot-
würfel und getoastetes
Weißbrot, gewürfelt
oder in dünne Stangen
geschnitten

Sahne in einem Pfännchen erhitzen, die in Stücke gebrochene Schokolade darin schmelzen lassen. Wenn sich alles aufgelöst hat, den Alkohol dazugießen. Im irdenen Caquelon mit Rechaud servieren. Obst und Brotstückchen werden auf Fonduegabeln gespießt und in die heiße Schokolade gedippt. – Eine Leckerei, die besonders bei Kindern großen Anklang findet, die dann aber ohne Alkohol zubereitet werden muß. (Foto Seite 85 oben)

Artischocken-Fondue

4 Portionen à 240 Kalorien

4 Artischocken à 400 g
1/2 Zitrone

Artischocken waschen, in kochendem Salzwasser (mit einigen Tropfen Zitronensaft) ca. 40–45 Minuten kochen. Den Tisch decken und die Soßen (Seite 87) zubereiten. Nach dem Kochen die Artischocken auf einem Sieb abtropfen lassen und auf Fondueteller servieren. So werden die Artischocken verspeist: Mit den Fingern rundherum Blatt für Blatt abzupfen und den unteren Teil des Blattes in die Soße dippen. Dann mit den Zähnen den fleischigen Teil des Blattes samt der Soße abstreifen. Je mehr man sich an das Innere der Frucht heranknabbert, desto zarter werden die Blätter, bis schließlich noch die Staubgefäße („Heu" genannt) übrigbleiben. Sie lassen sich leicht mit der Hand abziehen. Was bleibt, ist der berühmte grüne fleischige Artischockenboden. Er ist für viele Feinschmecker die eigentliche Delikatesse bei der Sache. Man schneidet ihn in kleine Würfel und übergießt ihn mit den Soßen. Servieren Sie dazu einen trockenen Weißwein oder einen Rosé. (Foto Seite 88)

Zum Artischocken-Fondue reichen Sie diese Soßen

Frankfurter Grüne Soße

Kräuter waschen, gut abtropfen lassen, im Mixer fein zerkleinern, 1 hartgekochtes Ei, Quark, Mayonnaise, Kapern, Senf, Aromat oder Fondor, Pfeffer, Salz und Zitronensaft untermixen. Soße pikant abschmecken.

4 Portionen à 200 Kalorien

1 Bund (etwa 200 g) grüne Kräuter (Kerbel, Borretsch, Schnittlauch, Zitronenmelisse, Pimpernell, je nach Marktangebot)
1 hartgekochtes Ei
125 g Magerquark
4 Eßlöffel Mayonnaise
2 Eßlöffel Kapern
1 Teelöffel Senf, Aromat oder Fondor
Pfeffer, Salz, Saft von 1/2 Zitrone

Sauce Béarnaise

Weißwein mit Essig, feingehackter Zwiebel und grobzerdrückten Pfefferkörnern aufkochen, zu 2/3 einkochen lassen. Durchpassieren, Eigelb zugeben und in warmem Wasserbad schlagen, bis die Masse dickschaumig ist. Zerlassenes Fett zugeben. Zuletzt mit Cayennepfeffer abschmecken und gehackte Petersilie, Estragon und Kerbel untermischen.

4 Portionen à 550 Kalorien

1/8 l Weißwein
3 Eßlöffel Estragonessig
1 feingehackte Zwiebel
1/2 Teelöffel weiße Pfefferkörner, 3 Eigelb
125 g Butter
125 g Margarine, Cayennepfeffer, Petersilie
Estragon und Kerbel

Vinaigrette mit gehacktem Ei

Öl, Essig, Salz, Pfeffer, Zucker, Zwiebel, Kräuter und das hartgekochte, feingehackte Ei miteinander vermischen und so lange rühren, bis das Salz aufgelöst ist und sich Öl und Essig verbunden haben.

4 Portionen à 220 Kalorien

2/3 Tasse Öl
1/3 Tasse Essig, Salz
Pfeffer, 1 Prise Zucker
1 kleine gewürfelte Zwiebel, gehackte Petersilie oder Schnittlauch
1/2 Teelöffel geschnittener Dill, 1 Ei

◂ *Provenzalisches Fondue (Bagna Cauda)*

4 Portionen à 385 Kalorien

5 Knoblauchzehen
1 kl. Zwiebel, 1 Eßl. Butter
1/2 l saure und 1/4 l süße Sahne, 1 kl. Dose Sardellenfilets
1 Dose Ölsardinen
Pfeffer, 1 kg frisches Gemüse (Gurken, Möhren, Blumenkohl, neue Zwiebeln, Paprika, Tomaten, Champignons)

Knoblauch und Zwiebel fein hacken und in Fett gelb dünsten. Saure und süße Sahne zugeben und 15 Minuten einkochen. Sardellenfilets und Ölsardinen mit dem Öl und der eingekochten Sahne im Mixer fein pürieren. In einen Keramik-Topf geben und auf dem Rechaud warm halten, mit Pfeffer gut abschmecken. Verschiedene rohe, geputzte und kleingeschnittene Gemüse dazu stellen, welche in die Soße getaucht werden. Außerdem Brot dazu reichen. (Foto vorhergehende Seite oben)

◂ *Klößchen-Wurst-Fondue*

4 Portionen à 520 Kalorien

375 g Tatar-Hack, 2 Eigelb
je 1 gestrichener Teelöffel Edelsüß-Paprika, Salz
2 gehäufte Eßlöffel Semmelbrösel
250 g Lyoner Wurst
Salatblätter, 1 Zwiebel
1 Eßlöffel Butter oder Margarine
3/4 l Fleischbrühe (Würfel)
1/4 l Weißwein
gemahlener Pfeffer
1 Teelöffel Worcestersoße

Tatar-Hack mit Eigelb, Paprika, Salz und Semmelbröseln gut verkneten und zu walnußgroßen Klößchen formen. Wurst in 2 cm große Stücke schneiden. Beides auf einer Platte mit Salatblättern anrichten. Zwiebelwürfel in Fett gelb dünsten, Fleischbrühe und Wein zugießen und würzen, 3 Minuten kochen. Brühe in Fonduetopf füllen und auf den Rechaud stellen. Klößchen darin etwa 2 Minuten garen. Wurst in 1 Minute garen. Hierzu Soßen, Mixed Pickles und frisches Stangenbrot reichen. (Foto vorhergehende Seite unten)

Piccalilli-Soße

2 Eßlöffel Piccalilli (Mixed-Pickles in Senfsoße) grob hacken, mit 1/2 Teelöffel gekörnter Brühe und 2 Eßlöffel Weinbrand unter 1/2 Tasse Mayonnaise mischen. Mit Dill garnieren.

Puszta-Relish

1 Zwiebel, 1/4 Fenchelknolle und 1/2 Apfel sehr fein würfeln. Mit 1 gehäuften Eßlöffel braunem Zucker, 1/2 Tasse Weinessig 5 Minuten dünsten. Erkaltet mit 1/2 Tasse Tomatenketchup und Paprika vermischen.

Fleischfondue mit leckeren Beilagen

Pro Portion ca. 250 Kalorien

Pro Person 150–200 g schieres Rindfleisch in nicht zu große Würfel schneiden. Es können auch kleine Fleischbällchen aus 250 g Rinderhack, mit einem Ei, Salz und Pfeffer vermischt, in dem Fett gebacken werden. 1 l Öl in einer Fonduepfanne erhitzen und auf den brennenden Rechaud stellen. Die Fleischstücke auf Fonduegabeln spießen, in das Fett tauchen und gar werden lassen.

1. Gewürze: Salz, Pfeffer, Curry, Paprika, Senf, Meerrettich

2. Beilagen: Essiggürkchen, Perlzwiebeln, Senfgurken, Mixed Pickles, Oliven, Rote Beete, Sardellenfilets, pikante Salate, Toasts, kleine Brötchen, Pommes frites

Weitere Beilagen:

Gemüsesalat „Konfetti"

Insgesamt ca. 300 Kalorien

2 Tomaten, 2 Möhren, 1 Stange Lauch, 1 kleine Sellerieknolle, 2–3 Stücke roten, marinierten Paprika kleinschneiden und in ca. 1/4 l leicht gesalzenem Wasser halb gar kochen. Gemüse abgießen und abtropfen lassen. 1 kleine Zwiebel und etwas Petersilie kleinhacken, mit Zitronensaft, Salz, Pfeffer, 1 Prise Rosmarin und Zucker vermischen und über das abgekühlte Gemüse verteilen, gut durchmengen und durchziehen lassen. Dann mit 3–4 Eßlöffel Öl übergießen und vorsichtig vermengen. Mit Tomate und Petersilie garnieren.

Chicoréestern

Insgesamt ca. 180 Kalorien

1 großen Chicorée putzen. Einige schöne Blätter abtrennen, sternförmig um den aufrecht stehenden Chicorée legen. 2 Ecken Gervaiskäse mit 2 Teelöffel Tomatenmark, 1/2 Teelöffel Rosenpaprika und Salz verrühren und mit etwas Kondensmilch nach Bedarf cremig rühren. Mit einer Spritztülle kleine Portionen in die Chicoréeblätter und um den Chicorée herum spritzen. Mit einigen marinierten Pfefferschoten und Olivenscheiben garnieren.

Spankartoffeln

Insgesamt ca. 500 Kalorien

3–4 große geschälte Kartoffeln in 1 cm breite Scheiben schneiden und daraus mit einem Kartoffelschäler oder scharfen Messer jeweils ein Band schneiden. Dieses Band wellenförmig auf einen dünnen Holzspieß stekken und im 175–180 Grad heißen Fett ausbacken. Die Kartoffelschlangen auf Haushaltspapier abtrocknen lassen, mit Salz und Fondor würzen.

Hollandaise

Insgesamt ca. 1600 Kalorien

1 Schalotte
oder 1 kleine Zwiebel
1 Teelöffel weiße
Pfefferkörner, je 4 Eßlöffel
Kräuteressig
und Weißwein, 2 Eigelb
und 200 g Butter
oder Margarine

Butter oder Margarine in einer Kasserolle zerlassen und wieder von der Kochstelle nehmen. Feingehackte Schalotte oder Zwiebel in einen Topf geben, dazu zerdrückten Pfeffer, Essig und Wein. 1 Minute kochen, durch ein Sieb in einen zweiten Topf geben. Das Eigelb hinzufügen, verquirlen und den Topf in das kochende Wasserbad stellen. Die Soße tüchtig mit dem Schneebesen schlagen, bis sie recht schaumig und der Schaum schließlich ganz fein ist. Die Soße aus dem Wasser nehmen und nun das warme, nicht heiße Fett hineinrühren und dabei die Molke zurücklassen. Mit etwas Salz abschmecken und sofort servieren.

So wird aus der Hollandaise eine:

Béarnaise

Insgesamt ca. 1700 Kalorien

Schlagen Sie die Hollandaise zusätzlich mit 2 oder 3 Eßlöffel Estragonessig auf. Geben Sie etwas frischen, ganz fein gehackten Kerbel oder Estragon hinein und schmecken Sie mit 1 Prise scharfem Cayennepfeffer ab. Oder geben Sie 1–2 Eßlöffel Herbadox (fertige Würzsoße für Béarnaise) in die Hollandaise. Und lassen Sie Hollandaise oder Béarnaise nie lange stehen. Diese feinen Soßen müssen sofort nach der Zubereitung serviert werden.

Kräuterbutter

Insgesamt 775 Kalorien

100 g weiche Butter
Salz, Pfeffer
oder Paprika, einige Tropfen Zitronensaft
1 Eßlöffel gehackte Kräuter

Wichtig sind dafür die frischen, ganz fein geschnittenen oder gehackten Kräuter. Verwenden Sie reichlich Petersilie, Kerbel, Pimpernelle, Estragon, Schnittlauch, Melisse, Sauerampfer und Dill – etwa 1 Teelöffel voll. Und nehmen Sie immer nur 1 Löffelspitze Thymian, Basilikum und Oregano.

Butter sahnig rühren und mit Salz, Pfeffer oder Paprika, Zitronensaft und Kräutern abschmecken. Nach Wunsch und Geschmack noch 1 oder 2 gehackte Sardellen, einige Tropfen Weinbrand oder Rum, 1 Messerspitze Fleischextrakt oder 1 Spritzer Worcestersoße hinzufügen. Butter auf geöltes Pergamentpapier geben. Papier anheben und über die Butter schlagen. Mit Hilfe des Pfannenmessers eine Rolle formen. Ganz einwickeln und etwa 1 Stunde in den Kühlschrank legen. Vor dem Servieren aus dem Kühlschrank nehmen und auswickeln. Dann mit einem Buntmesser in dicke Scheiben schneiden.

Und so verwenden Sie die feine Kräuterbutter beim Fondue: Mit einem Messer ein kleines Stück Kräuterbutter von Ihrer Scheibe auf dem Fondueteller abschneiden und auf dem gegarten, heißen Fleischwürfel zergehen lassen, bevor Sie ihn in den Mund schieben.

Teufelsoße

Insgesamt ca. 300 Kalorien

1/8 l Weißwein
10 weiße Pfefferkörner, fein zerdrückt
2 Schalotten
oder 1 kleine Zwiebel, gehackt
2 Teelöffel Tomatenmark
1/4 l Wasser
1 Päckchen oder Beutel Bratensoße
1 Teelöffel Butter
oder Margarine, etwas Cayennepfeffer
oder scharferPaprika

Weißwein, Pfefferkörner und Schalotten oder Zwiebeln einkochen lassen. Tomatenmark mit Wasser und Soßenpulver verrühren, dazugeben und unter Rühren einmal aufkochen lassen. Soße zuletzt mit Butter oder Margarine verfeinern und nach Geschmack mit scharfem Cayennepfeffer oder Paprika gut würzen.

Roquefort-Soße

Insgesamt ca. 1090 Kalorien

125 g Roquefort
1 Becher saure Sahne
50 g geröstete Haselnüsse
2 Eßlöffel Sherry

Roquefort durch ein Sieb drücken. Saure Sahne hinzufügen. Haselnüsse fein darüber mahlen. Sherry hineingeben und alles gut mischen.

Schnelle Soßen

Insgesamt ca. 550 Kalorien

a) Tomatenketchup aus der Flasche

Insgesamt ca. 570 Kalorien

b) Senfsoße: 1 Tube Mayonnaise mit Zitronensaft und Salz verrühren, 1/3 Tube Senf dazugeben und mit 1 Teelöffel frisch geriebenem Meerrettich und 1 Prise Zucker abschmecken.

Insgesamt ca. 650 Kalorien

c) Piccalilli-Sahne: 1 Eßlöffel feingehacktes Piccalilli aus dem Glas mit 1 Beutel Mayonnaise verrühren, etwas saure Sahne und Zitronensaft zugeben.

Insgesamt ca. 750 Kalorien

d) Soße Tatar: 1 Ei hartkochen und hacken. 1 Zwiebel, Schnittlauch, einige Kapern, 1 Essiggurke fein schneiden und mit 1 Tube Mayonnaise verrühren. Mit 1 Teelöffel Senf, Estragon, Kerbel, etwas Sardellenpaste abschmecken.

Insgesamt ca. 590 Kalorien

e) Currysoße: 1 Beutel Mayonnaise mit 3 Eßlöffel Sahne vermischen und 1/2 feingewiegte Zwiebel, etwas geriebene Knoblauchzehe, 1 geriebenen Apfel, 1 Teelöffel Curry, 1/2 Teelöffel Senf, Salz, Pfeffer untermengen und verrühren.

Insgesamt ca. 275 Kalorien

f) Sardellenbutter: Butter schaumig rühren, mit gehackten Sardellen, Salz, Worcestersoße und Zitronensaft würzen.

Als Getränk zu diesem Fondue eignet sich sowohl ein leichter Rotwein als auch ein herber Weißwein, zum Beispiel Riesling.

Neuenburger Käsefondue ▸

Käse reiben, mit Speisestärke mischen, in die Fonduepfanne geben, Weißwein zufügen und alles unter ständigem Rühren erhitzen. Knoblauch durch die Knoblauchpresse drücken, mit dem Kirschwasser zugeben, mit Pfeffer und Muskat abschmecken. Das Fondue auf Rechaud bei kleiner Flamme siedend heiß halten. Brot in mundgerechte Würfel schneiden, auf Fonduegabeln spießen und in der heißen Käsemasse wenden.

4 Portionen à 710 Kalorien

400 g Greyerzer Käse
200 g Emmentaler Käse
2 gestrichene Eßlöffel Speisestärke, reichlich
1/4 l spritziger Weißwein
1 Knoblauchzehe
3 Likörgläser Kirschwasser
Pfeffer, Muskat
1 Pariser Brot (etwa 1 Tag alt)

Tip: *Der Wein für's Käsefondue muß säuerlich sein. Mit etwas Zitronensaft läßt sich notfalls dabei etwas nachhelfen. Ist das Fondue zu dünn geraten, geben Sie etwas geraspelten Käse zu. Bilden sich Klumpen, fügen Sie einen Schuß Essig bei.*

Käsefondue ▸

Fonduepfanne mit der geschälten Knoblauchzehe gut ausreiben. Den Käse fein reiben und mit Speisestärke vermischen. Wein und Käse in die Fonduepfanne geben und auf dem Herd unter ständigem Umrühren einmal aufkochen. Dann Pfeffer, Muskat und Kirschwasser zugeben. Das Fondue auf dem Rechaud leicht brodeln lassen. Weißbrotwürfel auf Fonduegabeln spießen und in die heiße Käsemasse tunken. Gabeln kann man das Fondue auch mit Cornichons, Shrimps, Schinkenwürfeln oder Perlzwiebeln. Als Getränk paßt Weißwein oder Tee. Käse läßt sich mit vielen Flüssigkeiten schmelzen. Beliebt ist auch die Verwendung von Apfelwein und Bier. Das ist etwas für Männer: Sauermilchkäse – bekannt als Harzer oder Mainzer – würfeln und in erwärmtem Bier auflösen, bis eine breiige Masse entsteht. Mit Schwarzbrot gabeln. Ein herzhaftes Fondue.

4 Portionen à 720 Kalorien

1 Knoblauchzehe
600 g Allgäuer Emmentaler, 2 gehäufte Teelöffel Speisestärke
gut 3/8 l Weißwein
Pfeffer, Muskat
2 Likörgläser Kirschwasser
in Würfel geschnittenes, nicht zu frisches Weißbrot

PROVENCE

◀ Calvados-Koteletts

4 Portionen à 680 Kalorien

4 Schweinekoteletts
3 Äpfel, schwarzer gemahlener Pfeffer
1 Zitrone, 4 Eßlöffel Öl
1 Weinglas Calvados
3 Teelöffel scharfer Senf
Instant-Mehl
8 Maraschino-Kirschen

Die Schale von 1 Apfel mit den gepfefferten Koteletts, Zitronenscheiben, 2 Eßlöffel Öl und 1/2 Glas Calvados in Schüssel geben und 2 Tage im Kühlschrank durchziehen lassen. Koteletts danach in einer Grillpfanne langsam auf jeder Seite 5 Minuten garen. Zuletzt mit Senf bestreichen. Apfelscheiben in Mehl wenden, in Öl tauchen und ebenfalls in einer Grillpfanne auf jeder Seite 2 Minuten garen. Koteletts in der Pfanne mit dem restlichen Calvados übergießen, anzünden (Achtung, hohe Flamme!) und mit Äpfeln anrichten. Kartoffelpüree, abgeschmeckt mit geriebenem Meerrettich, dazu reichen. Als Getränk empfiehlt sich Bier. (Foto vorhergehende Seite oben)

Tip: *Calvados ist ein feiner französischer Apfelbranntwein, der hauptsächlich aus der Normandie, dem Nordwesten Frankreichs, kommt.*

◀ Flambierte Hummer-Krabben-Schwänze

4 Portionen à 260 Kalorien

1 Paket tiefgekühlte Hummer-Krabben-Schwänze (450 g)
1 Teelöffel Worcestersoße
1 gestrichener Teelöffel Salz, 2 Eßlöffel Butter
4 Likörgläser Weinbrand

Die Hummer-Krabben-Schwänze auftauen lassen. Schwänze bis auf die kurze Schwanzflosse schälen, den Rücken 1 cm tief mit einem spitzen Messer einschneiden und den dunklen Strang entfernen. Mit Worcestersoße und Salz würzen und zugedeckt 1 Stunde in den Kühlschrank stellen. Die Butter in eine Pfanne geben und nußbraun werden lassen. Die Krabbenschwänze hineinlegen, auf jeder Seite etwa 5 Minuten braten. Weinbrand drübergießen, Pfanne auf ein Rechaud stellen, alles erhitzen und die offene Flamme in die schräg gehaltene Pfanne schlagen lassen. Alkohol entzünden, abbrennen lassen und servieren. (Foto vorhergehende Seite unten)

Marinierter Kalbsbraten

4 Portionen à 300 Kalorien

1 Scheibe Kalbfleisch aus der Keule (etwa 500 g)
1 Dose Sardellenfilets
Salz, Pfeffer
1 Glas Weißwein
Saft von 1/2 Zitrone
1 gestrichener Teelöffel Basilikum, Mehl
4 Eßlöffel Öl
1/2 Glas Weinbrand
2 gestrichene Teelöffel Speisestärke

Das Fleisch in regelmäßigen Abständen mit einem spitzen Messer einschneiden und je 1/2 Sardellenfilet hineinstecken. Dann mit Salz und Pfeffer einreiben und in eine Schüssel legen. Das Öl aus der Sardellendose, den Weißwein, Zitronensaft, 2 Zitronenscheiben und Basilikum zum Fleisch geben. Die Schüssel zudecken und für 1 bis 2 Tage in den Kühlschrank stellen. Das Fleisch in dieser Zeit ein- bis zweimal umdrehen. Danach abtrocknen und in Mehl wenden. Das Öl in einem Bratentopf erhitzen, das Fleisch hineinlegen und goldgelb anbraten. Den geschlossenen Topf bei 200 Grad (rechtzeitig einschalten!) in den vorgewärmten Backofen stellen und etwa 1 1/4 Stunden darin lassen. Erwärmten Weinbrand übergießen und durch Rütteln des Topfes abbrennen lassen. Danach die Marinade mit der Speisestärke verquirlen, zum Bratenfond rühren und einmal aufkochen lassen. Das Fleisch herausnehmen, in 1/2 cm dicke Scheiben schneiden, anrichten und mit der Soße übergießen.
Und dazu knackig-frischen Salat mit Zitronenmarinade oder zartes Gemüse wie Erbsen oder Spargel essen, außerdem paßt dazu Reis oder Kartoffelpüree.

Flambierte Schweinelendchen provenzalisch

4 Portionen à 410 Kalorien

1 Schweinelende (ca. 750 g)
gemahlener schwarzer Pfeffer, 3 Knoblauchzehen
1/2 Bund Petersilie
1 Zweig frischer oder 1 Teelöffel getrockneter Thymian, etwas Salz
2 Eßlöffel Öl
3 Likörgläser Marc (Tresterschnaps) oder Weinbrand

Entsehntes Fleisch in 8 Stücke schneiden, klopfen und pfeffern. Knoblauchzehen, Petersilie und den frischen Thymianzweig fein hacken. Lendchen jetzt salzen, in Öl auf jeder Seite 4 Minuten braten. Fleisch herausnehmen, warm stellen. Die gehackten Gewürze in die Pfanne geben und 1/2 Minute anbraten. Fleisch wieder in die Pfanne legen und mit den Gewürzen vermischen. Den Alkohol erwärmen, anzünden und über die Steaks gießen. Abbrennen lassen. Schweinelendchen mit knusprig gebackenen Pommes frites anrichten.

Whisky-Hähnchen

4 Portionen à 620 Kalorien

1 Hähnchen, Salz, Pfeffer
Instant-Mehl
2 Eßlöffel
Butter oder Margarine
2 Eßlöffel Öl, 1 Bund neue Zwiebeln (250 g)
1 grüne Paprikaschote
1/2 Weinglas Whisky
1/8 l Weißwein
1/2 Dose Maiskörner
1/8 l süße Sahne
1 Päckchen oder Beutel Helle Soße, 1/2 Bund gehackte Petersilie oder Kerbel, Cayennepfeffer

Hähnchen vierteln, würzen und in Mehl wenden. In Fett und Öl langsam 35 Minuten braten (in einem Topf, nicht ganz zugedeckt, auf der Kochplatte). Zwiebeln mit den Röhren in Würfel, Paprikaschote in Streifen schneiden. Das gegarte Hähnchen im Topf mit Whisky übergießen, anzünden (Vorsicht: es entsteht eine hohe Flamme!) und abbrennen lassen. Hähnchen herausnehmen, Zwiebeln und Paprika in den Topf geben und mit Weißwein 5 Minuten dünsten. Mais mit Dosen-Flüssigkeit zugießen. Sahne mit Soßenpulver verquirlen, zu dem Gemüse geben und aufkochen. Petersilie oder Kerbel zugeben und mit Cayennepfeffer und Salz abschmecken. Hähnchen in der Soße noch kurz erwärmen und anrichten. Weißbrot und Weißwein dazu reichen.

Hasenrücken „Williams"

4 Portionen à 585 Kalorien

1 Hasenrücken
50 g frischer, fetter Speck
Salz
schwarzer gemahlener Pfeffer
1 Teelöffel Wacholderbeeren, 1 Zwiebel, 1 Möhre
1/4 Sellerieknolle
4 Eßlöffel Öl
2 gestrichene Eßlöffel Mehl
1/4 l Rotwein
1/8 l saure Sahne
1 Dose Mandarinen
4 halbe Birnen (Dose)
2 Eßlöffel Preiselbeeren
3 Likörgläser Kirschwasser oder Himbeergeist

Hasenrücken entsehnen. Den Speck in dünne Scheiben schneiden und den Rücken damit spicken. Mit Salz, Pfeffer und zerdrückten Wacholderbeeren würzen. Zwiebel, Möhre, Sellerie würfeln, in 2 Eßlöffel Öl mit Speckresten und Sehnen gut anbraten, Mehl darin bräunen und mit Rotwein und 1 Tasse Wasser ablöschen. Mit Pfeffer, Salz und Wacholderbeeren würzen und langsam 20 Minuten schmoren. Hasenrücken im vorgeheizten Backofen bei 220 Grad in 2 Eßlöffel Öl, gespickte Seite nach oben, 30 Minuten braten, herausnehmen und anrichten. Zum Bratensatz Soße seihen und mit Sahne aufkochen. Rücken mit erwärmten Mandarinen belegen und mit Kroketten, Gemüsen und erwärmten Birnenhälften, mit Preiselbeeren gefüllt, garnieren. Am Tisch mit dem Kirschwasser, in einer Schöpfkelle oder einem Butterpfännchen über Spiritusflamme erhitzt, flambieren. Rotwein dazu trinken.

Ente mit Pfeffersoße

4 Portionen à 910 Kalorien

1 Mastente (ca. 1,2 kg)
Salz, 2 Teelöffel Senf
grüne Pfefferkörner
1 Teelöffel Weinbrand
4 Pfirsichhälften (Dose)
1 Eßlöffel Öl
1 Möhre, 2 Zwiebeln
1 Eßlöffel Tomatenmark
1 Eßlöffel Mehl
1/8 l Weißwein
3/8 l Fleischbrühe
1/2 Weinglas Apricot Brandy

Ente innen und außen salzen. Senf, 2 Teelöffel Pfefferkörner und Weinbrand mit Gabel zerdrücken. Ente damit innen ausstreichen, auf Grillspieß stecken, Flügel mit Garn festbinden. Etwa 80 Minuten grillen. Zuletzt Pfirsichhälften im Grillfett erhitzen. Inzwischen Entenhals und Magen kleinschneiden, in Öl braun braten. Gewürfelte Zwiebeln und Möhren zugeben, 3 Minuten durchbraten. Zuletzt Tomatenmark zugeben, mit Mehl bestäuben, verrühren und mit Weißwein ablöschen. Fleischbrühe zugießen. 15 Minuten langsam kochen. Abgetropftes Fett der Ente abgießen, Bratenfond zur Soße geben, durchpassieren und 3 Teelöffel Pfefferkörner hineingeben. Ente mit Pfirsichen garnieren. Zuletzt mit erwärmtem, angezündetem Apricot Brandy übergießen. Als Beilagen Kartoffelpüree und Chinakohlsalat: 1 Kopf Chinakohl in Streifen schneiden, mit 2 geriebenen Möhren, 2 in Streifen geschnittenen Kompottpfirsichen, 1 Teel. Ingwerscheiben, Zitronensaft, Salz und Pfeffer mischen.

Flambierter Sauerbraten

4 Portionen à 470 Kalorien

750 g Rindfleisch zum Braten, 1 Tasse Essig
3 Tassen Wasser
1 Lorbeerblatt, 2 Nelken
Pfefferkörner, 1 Zwiebel
1 Karotte, 1/4 Sellerie
Salz, 1 Eßlöffel Fett
1/2 Weinglas Weinbrand
1/2 Eßlöffel Tomatenmark
1/2 Eßlöffel Speisestärke
2 Eßlöffel kalifornische Rosinen, 1/2 Beutel gehobelte Mandeln

Das Fleisch 2 bis 4 Tage in eine Marinade aus Essig, Wasser, Gewürzen und Gemüsewürfeln legen. Das abgetrocknete, gesalzene Fleisch in erhitztem Fett anbraten, Weinbrand zugießen, entzünden (Achtung: hohe Flamme!) und abbrennen lassen. Gemüse mitbraten, Tomatenmark zugeben und mit etwas Marinade ablöschen. Zugedeckt in ca. 1 1/2 Stunden gar schmoren, von Zeit zu Zeit das Fleisch wenden, etwas Marinade oder, wenn es zu sauer wird, Wasser zugießen. Die Soße durchseihen, mit Speisestärke binden und die Rosinen und Mandeln darin aufkochen. Beilagen: Kartoffelknödel oder -püree und viel Salat.

Rindfleisch mit Paprikaschoten

Die Rinderlende enthäuten, in sehr dünne Blättchen schneiden, in der Speisestärke wenden, mit Sojasoße, Alkohol, Zucker und Pfeffer mischen und 1 Stunde stehen lassen. Zwiebeln und Knoblauch schälen und fein hacken. Paprikaschoten vierteln, entkernen, waschen und in Streifen schneiden. Das Öl erhitzen, das Fleisch darin in 2 oder 3 Partien 1 Minute braten, auf einem Sieb abtropfen lassen. Zwiebeln, Knoblauch und Paprika 3 Minuten in dem Öl braten. Hühnerbrühe, Sojasoße, Ketchup, Glutamat oder Streuwürze zufügen. 1 Minute kochen, mit verquirlter Speisestärke binden, das Fleisch darin erhitzen, nicht kochen. Zuletzt mit erwärmtem, angezündetem Weinbrand übergießen. Reis und Bier dazu reichen.

4 Portionen à 335 Kalorien

375 g Rinderlende
2 Eßlöffel Speisestärke
2 Eßlöffel Sojasoße
1 Eßlöffel Weißwein oder Sherry
1/2 gestrichener Teelöffel Zucker
1 Löffelspitze Pfeffer
2 Zwiebeln
1 Knoblauchzehe
4 grüne Paprikaschoten
1/3 Tasse Öl
1/4 l Hühnerbrühe (Würfel)
2 Eßlöffel Sojasoße
2 Eßl. Tomatenketchup
Glutamat oder Streuwürze (Aromat oder Fondor)
1 gestr. Eßl. Speisestärke
1/2 Glas Weinbrand

Flambierter Truthahn chinesisch

Fleisch in 1/2 cm dicke Blättchen schneiden und mindestens 1 Stunde mit 1 Eßlöffel Sojasoße und Ingwer vorwürzen. Möhren, Porree, Gourgette und Fenchel putzen, in dünne Scheiben schneiden. Pilze in Wasser 1 Minute, Glasnudeln 2 Minuten kochen. Pilze, Glasnudeln und Sojabohnenkeime abtropfen lassen. Zwiebel und Knoblauch fein hacken. Öl in Pfanne erhitzen. Truthahnfleisch mit Speisestärke vermischen, goldbraun anbraten. Mit Reiswein übergießen, anzünden und abbrennen lassen. Fleisch herausnehmen. Zwiebel und Knoblauch in Öl gelb dünsten, Möhren, Porree, Gourgette und Fenchel zugeben und 5 Minuten dünsten. Nudeln, Pilze und Sojabohnenkeime hinzufügen, salzen, pfeffern und Essig und Konfitüre untermischen. Eventuell 1/2 Tasse Hühnerbrühe und 1–2 Eßlöffel Sojasoße hineingeben. Mit etwas kalt angerührter Speisestärke binden. Fleisch zugeben.

4 Portionen à 500 Kalorien

375 g ausgebeinte Truthahnbrust
3–4 Eßlöffel Sojasoße
1 Teelöffel gemahlener Ingwer, 2 Möhren
1 Stange Porree
1 Gourgette
1 kleine Fenchelknolle
2 Eßlöffel chinesische Pilze
25 g Glasnudeln
1/4 Dose Sojabohnenkeimlinge, 1 Zwiebel
1 Knoblauchzehe
6 Eßlöffel Öl
1 Eßlöffel Speisestärke
1/2 Weinglas Reiswein
Salz, Pfeffer, 1/4 Tasse Weinessig, 2–3 Eßl. Aprikosenkonfitüre

Kalbsgeschnetzeltes mit Steinpilzen

4 Portionen à 395 Kalorien

500 g Kalbslende
schwarzer gemahlener Pfeffer, 4 Tomaten
2 Zwiebeln
1/2 Bund Petersilie
2 Eßlöffel Öl
1 Eßlöffel Butter oder Margarine
1/2 Weinglas Weinbrand
Salz, 1/8 l Weißwein
1/8 l süße Sahne
2–3 Teelöffel Instant-Bratensoße
1/3 Dose Steinpilze
Rosenpaprika

Lende entsehnen und in dünne Blättchen schneiden, mit Pfeffer würzen. Tomaten abziehen, halbieren, entkernen und in Streifen schneiden. Zwiebeln schälen, fein würfeln, Petersilie hacken. In heißem Öl und Butter Kalbfleisch scharf anbraten. Weinbrand zugießen, sofort anzünden (Achtung, hohe Flamme!), salzen und herausnehmen. Zwiebel und Weißwein 2 Minuten in Pfanne dünsten, Sahne zugeben, aufkochen und mit Instant-Bratensoße binden. Fleisch, abgetropfte Pilze und Tomaten in die Soße geben, erwärmen, aber nicht kochen. Mit Rosenpaprika und Salz würzen. Anrichten und mit Petersilie bestreuen. Reis und Salat dazu reichen und eventuell mit einem gehaltvollen Weißwein servieren.

Tip: *Die Serviertemperaturen für Weine liegen bei ca. 10° C für Weißwein und ca. 18° C für Rotwein. Sekt sollte ca. 8° C haben.*

„Stroganoff" flambiert

4 Portionen à 370 Kalorien

600 g Rinderfilet
4 Eßlöffel Öl
Salz, Pfeffer
4 Likörgläser Weinbrand
125 g frische Champignons
2 Zwiebeln, je 1/8 l Weißwein und süße Sahne
1–2 Teelöffel Instant-Bratensoße
1 Eßlöffel Kräutersenf
1 Bund Schnittlauch
Essiggurken

Entsehntes Fleisch in Streifen schneiden (4 cm lang, 2 cm dick). Fleisch in heißem Öl scharf anbraten, pfeffern und salzen. Weinbrand zugießen, anzünden (Achtung, hohe Flamme!) und abbrennen lassen. In einem Sieb abtropfen lassen. Champignonscheiben und kleine Zwiebelwürfel im Bratöl anbraten, mit Wein und Sahne ablöschen und mit 1–2 Teelöffel Instant-Bratensoße binden. Mit Senf und Pfeffer abschmecken. Fleisch und Fleischsaft hineingeben, nicht mehr kochen. Mit 1 Bund geschnittenem Schnittlauch bestreuen. Blättrig geschnittene Essiggürkchen zufügen. Dazu schmecken in Butter geschwenkte Spätzle oder Nudeln und grüner Salat mit einer Soße aus: Kräuteressig, Sonnenblumenöl, Pfeffer, Salz, Zucker und frischer Zitronenmelisse. Als Getränk paßt leichter Rotwein oder ein Rosé.

Orientalische Spieße mit Mango-Chutney

4 Portionen à 360 Kalorien

200 g gekochter Schinken
4 halbe Pfirsiche
16 Cocktailwürstchen
Ingwerpulver, Curry
3 Likörgläser Rum
4 Eßlöffel Mango-Chutney

Schinken und Pfirsiche in 3 cm große Stücke schneiden. Mit den Cocktailwürstchen abwechselnd auf Spieße stecken und mit Ingwer und Curry bestreuen. 3 Minuten in Butter braten, mit Rum begießen, anzünden, abbrennen lassen und zu Mango-Chutney essen. Mit Brot servieren.

Kalbsschnitzel in Marsala

4 Portionen à 350 Kalorien

400 g Kalbskeule
4 Tomaten
2 junge Zwiebeln
Salz, Pfeffer, Mehl
je 1 Eßlöffel Öl und Butter
1 Weinglas Marsala oder Portwein, 1/8 l süße Sahne
1 Likörglas Vermouth Dry
3 Likörgläser Weinbrand
geriebener Käse

Fleisch in 12 oder 16 Stücke schneiden. Sehr dünn klopfen. Abgezogene, entkernte Tomatenviertel und Zwiebeln in Streifen schneiden. Schnitzel salzen, pfeffern, in Mehl wenden. In heißem Öl auf jeder Seite ca. 1 Minute braten, warm stellen. Zwiebelstreifen in heißer Butter 3 Minuten dünsten. Mit Wein ablöschen, einmal aufkochen. Mit Tomaten und Sahne durchkochen. – Schnitzel auf Spaghetti oder Reis anrichten. Mit Soße übergießen. Vermouth Dry und Weinbrand in kleiner Butterpfanne erwärmen, anzünden und brennend über die Schnitzel geben. Dazu geriebenen Käse.

Geschnetzelte Rinderlende

4 Portionen à 575 Kalorien

1 Eßlöffel Margarine
1 1/2 Tassen Langkornreis
1 Dose Champignonscheiben, 2 Tassen Hühnerbrühe (Würfel)
25 g geriebener Käse
375 g gehäutete Rinderlende, 1 Zwiebel
2 Eßl. Öl, Salz, Pfeffer
1/2 Weinglas Rum (40 %)
1/4 l Rotwein
1/8 l süße Sahne
2 Eßl. Senf, 1 Teel. Paprika
3 Teel. Bratensoße

Fett im Topf erhitzen und den Reis darin verrühren. Pilze und Hühnerbrühe dazugießen, aufkochen und zugedeckt langsam ca. 18 Minuten weiterkochen lassen. Den Reis lockern und den geriebenen Käse daruntermischen. Inzwischen das Fleisch in 2 cm breite Streifen schneiden. Die Zwiebel schälen, fein würfeln, in Öl dünsten, das Fleisch darin 3–4 Minuten braten, mit Salz und Pfeffer abschmecken. Rum zugießen und anzünden. Unter Rütteln der Pfanne abbrennen lassen. Auf dem Reis anrichten. Für die Soße: 1/4 l Rotwein an den Bratensatz geben, kurz aufkochen. Sahne mit Senf und Paprika verrühren, zum Wein geben. Mit Bratensoße binden.

Flambierte Grillspieße auf Curryreis

Lende in 2 cm große Würfel schneiden, mit Pfeffer, Zitronensaft und 1/2 Weinglas Rum 2 Stunden marinieren. Danach mit gewürfeltem Paprika abwechselnd auf 4 Spieße stecken. Zwiebelwürfel in 2 Eßlöffel Öl 1 Minute dünsten, mit Curry und Reis verrühren und mit heißer Brühe auffüllen. Zugedeckt bei schwacher Hitze 18 Minuten garen. Spießchen in Öl wenden. In erhitzter Grillpfanne von allen Seiten insgesamt 10 Minuten grillen, danach salzen. Geschälte Bananen längs halbieren, in der Grillpfanne kurz garen, mit Kokosraspeln oder Haselnüssen bestreuen. Spießchen auf Curryreis anrichten, mit Bananen und Kirschen garnieren, restlichen Rum in einer Schöpfkelle über Spiritusflamme erwärmen, anzünden und brennend über die Spießchen gießen, abbrennen lassen und servieren. Grünen Salat dazu reichen.

4 Portionen à 665 Kalorien

500 g Schweinelende
schwarzer gemahlener Pfeffer
Saft von 1 Zitrone
1 Weinglas Rum
1 grüne Paprikaschote
1 Zwiebel, 5 Eßlöffel Öl
2 Teelöffel Curry, 2 Tassen Langkorn-Reis, 4 Tassen Hühnerbrühe (Würfel)
Salz, 2 Bananen
2 Eßlöffel Kokosraspeln oder gemahlene Haselnüsse
8 Maraschinokirschen

Kalbsrücken „Gärtnerin Art"

Das Fleisch salzen und pfeffern. Öl im Bratentopf erhitzen, den Kalbsrücken hineinlegen und anbraten. Bei 200 Grad in den Backofen geben und 1 1/4 Stunden braten. Nach 1/2 Stunde die in Würfel geschnittene Zwiebel hinzufügen. Inzwischen Blumenkohl in Salzwasser kochen, Erbsen wie empfohlen zubereiten. Bohnen und Möhren getrennt erhitzen, mit Aromat oder Fondor würzen. Alle Gemüse in etwas Butter oder Margarine schwenken. Den Braten auf eine vorgewärmte Platte legen und mit dem Gemüse umlegen. Fleischbrühe in den Bratentopf geben, den Bratensatz loskochen, die Soße abschmecken, durch ein Sieb in eine Sauciere geben. Whisky im Butterpfännchen auf dem Rechaud erwärmen, anzünden und am Tisch über den Kalbsrücken gießen. Dazu knusprige Pommes frites und leichten Weißwein servieren.

4 Portionen à 615 Kalorien

1 kg Kalbsrücken ohne Mittelknochen
Salz und Pfeffer
2 Eßlöffel Öl, 1 Zwiebel
1 Blumenkohl, 1 Päckchen tiefgekühlte junge Erbsen
1 kleine Dose grüne Bohnen
1 kleine Dose Möhren
Aromat oder Fondor
1 Eßlöffel Butter oder Margarine
1/8 l Fleischbrühe (Würfel)
4 Likörgläser Whisky

Champignon-Forellen

4 Portionen à 320 Kalorien

4 vorbereitete Forellen
Salz, Pfeffer
Saft von 1 Zitrone
125 g frische Champignons
Instant-Mehl, 2 Eßlöffel Öl
2 Eßlöffel Butter
oder Margarine
2 Likörgläser Cognac oder
Armagnac
1/2 Bund Petersilie

Forellen innen und außen mit Salz und Pfeffer würzen und mit Zitronensaft beträufeln. 1 Minute marinieren lassen. Champignons putzen, waschen und in Scheiben schneiden. Forellen in Mehl wenden, auch innen mit Mehl bestäuben. Öl in Stielpfanne erhitzen, Forellen und Butter hineingeben und auf jeder Seite 6 Minuten braten. Zuletzt mit Cognac oder Armagnac begießen, anzünden (Achtung, hohe Flamme!) und abbrennen lassen. Fische anrichten, Champignons in die Pfanne geben, mit Salz und Pfeffer würzen und bei guter Hitze 3 Minuten braten. Über die Forellen geben und mit gehackter Petersilie bestreuen. Dazu Salzkartoffeln und Gurkensalat mit saurer Sahne servieren. Weißwein (Mosel) dazu trinken.

Tip: *Armagnac ist die Bezeichnung für ganz besonders gute und hochwertige Weinbrände aus dem Armagnac-Gebiet im Südwesten Frankreichs.*

Seezungen „Armagnac"

4 Portionen à 350 Kalorien

4 vorbereitete Seezungen
Salz, Pfeffer
Saft von $2^1/_2$ Zitronen
125 g Shrimps
oder Krabben
Instant-Mehl, 1 Eßlöffel Öl
2 Eßlöffel Butter oder
Margarine
3 Likörgläser
Armagnac oder Cognac

Seezungen mit Salz und Pfeffer würzen und mit Zitronensaft beträufelt 10 Minuten marinieren lassen. Krabben oder Shrimps nach Vorschrift auftauen lassen. Seezungen in Mehl wenden und im heißen Öl mit Butter auf jeder Seite etwa 4 Minuten braten und auf warmer Platte anrichten. Mit geschälten Zitronenscheiben garnieren. Krabben in die Pfanne geben, erwärmen. Mit Armagnac oder Cognac begießen, anzünden und brennend über die Seezungen gießen. Mit Petersilien-Kartoffeln, grünem Salat und Weißwein (Moselwein) reichen.

Blumenkohl Büsumer Art

4 Portionen à 300 Kalorien

1 Kopf Blumenkohl
Salz, 1 Zwiebel
Saft von 1 Zitrone
1/2 Teelöffel
Aromat oder Fondor
gemahlener weißer Pfeffer
1 Tasse Wasser
1/4 Dose Hummer- oder
Krabbensoße, 1 Eigelb
3 Eßlöffel süße Sahne
1 Teelöffel Speisestärke
etwas scharfer Paprika
1/4 Dose Nordseekrabben
3 Likörgläser Aquavit

Blumenkohl putzen und 10 Minuten in Salzwasser legen. Zwiebel schälen, fein würfeln, in Topf geben, Blumenkohl hineinsetzen, mit Zitronensaft beträufeln. Mit Aromat oder Fondor und Pfeffer würzen. Wasser zugießen. Deckel auflegen und 20 Minuten dünsten. Blumenkohl herausnehmen und auf Platte anrichten. Hummersoße zum Blumenkohlwasser geben, mit Eigelb, Sahne und Speisestärke (alles verquirlt!) binden. Nicht kochen! Mit scharfem Paprika würzen, abschmecken und die Krabben mit Brühe dazugießen. Den Blumenkohl mit der Soße umgießen, erwärmten Aquavit anzünden und brennend über den Blumenkohl gießen. Sofort servieren.

Maiskolben mit Pernod flambiert

4 Portionen à 575 Kalorien

8 frische junge Maiskolben
oder 2 Dosen mit
je 4 Maiskolben, Salz
2 Likörgläser Anisschnaps
(Pernod oder Ricard)
etwa 75 g Butter
8 Scheiben roher Schinken
weißer Pfeffer

Die frischen Maiskolben entblättern, waschen und in so viel kochendes Salzwasser legen, daß die Kolben davon bedeckt sind. 12 Minuten kochen, gut abtropfen lassen, mit erwärmtem, angezündeten Anisschnaps übergießen. Heiß servieren. (Maiskolben aus der Dose mit der Flüssigkeit etwa 8 Minuten erhitzen.) Während der Mais kocht, die Butter in dünne Scheiben schneiden und den Schinken anrichten. Bei Tisch die Butter auf den Maiskörnern schmelzen lassen und etwas Pfeffer darübermahlen. Die Maiskolbenhalter am oberen und unteren Ende hineinstechen und die Körner abknabbern. Dazu Schinken servieren.

Flambierter Camembert

4 Portionen à 250 Kalorien

250 g Camembert
2 Likörgläser Gin
Cayennepfeffer
1/2 Tasse Preiselbeeren

Camembert längs halbieren, portionsweise auf feuerfeste Teller legen. Unter dem Grill etwa 3 Minuten rösten. Mit Gin umgießen und anzünden, abbrennen lassen, zuletzt mit Cayennepfeffer bestäuben und je 1 Teelöffel Preiselbeeren belegen. Mit Petersilie garnieren. Heiß mit Toastbrot servieren.

Schweinelende „Luzifer" ▸

Lende entsehnen und längs 2 cm tief einschneiden. Bratwurstbrät mit Senf, zerdrückten Pfefferkörnern und Estragon vermischen und in die Lende füllen. Mit Salz und Kümmel würzen und mit Speckstücken belegen. Öl in einer feuerfesten Form im Backofen bei 220 Grad erhitzen, das Fleisch (Füllung nach oben) mit gewürzten Tomaten einsetzen und 35 Minuten garen. Mit Rum übergießen, anzünden und abbrennen lassen. Soße zugießen. Dazu geschälte und entkernte Zitronenscheiben servieren. Beilagen: Bratkartoffeln und Salate. Dazu trinkt man Bier. (Foto folgende Seite oben)

4 Portionen à 615 Kalorien

1 Schweinelende
1 Paar rohe Bratwürste
2 Teelöffel scharfer Senf
1 Eßlöffel grüne Pfefferkörner
1 Teelöffel Estragon
Salz, Kümmel
2 Scheiben durchwachsener Räucherspeck
2 Eßlöffel Öl, 4 Tomaten
1/2 Weinglas Rum (40 oder 54 %)
1/8 l Bratensoße (Fertigprodukt)
2 Zitronen

Tip: *Falls Sie die grünen Pfefferkörner in Dosen kaufen und den Inhalt nicht verbrauchen, füllen Sie die übrigen Körner in ein Glas und bedecken sie mit leicht gesalzenem Wasser. Das Glas gut verschlossen im Kühlschrank aufbewahren.*

Rumpsteaks mit grüner Pfeffersauce ▸

Rumpsteaks salzen, pfeffern, mit Öl beträufeln. In der heißen Pfanne auf jeder Seite ca. 4–6 Minuten braten. Die gebratenen Steaks in die Flambierpfanne legen, mit Weinbrand übergießen und anzünden. Abbrennen lassen und die Steaks auf eine heiße Platte legen. Rotwein in die Pfanne gießen und auf die Hälfte einkochen. Sahne, Senf, Paprika und grünen Pfeffer hinzufügen. Instant-Bratensauce hineinrühren. Die Sauce aufkochen und die Steaks darin heiß halten, aber nicht kochen lassen. Mit Mixed Pickles, Cornichons, eingelegtem Kürbis und Silberzwiebeln servieren. (Foto folgende Seite unten)

4 Portionen à 505 Kalorien

4 Rumpsteaks
Salz, Pfeffer, 1 Eßlöffel Öl
2 Likörgläser Weinbrand
1/8 l Rotwein, reichlich
1/8 l süße oder saure Sahne, 1 Teelöffel Senf
etwas Edelsüß-Paprika
1–2 Teelöffel grüner Pfeffer
1–2 Teelöffel Instant-Bratensauce

◂ Kalbsleber „Miramar“

4 Portionen à 295 Kalorien

2 Zwiebeln oder
6 Schalotten
2 Knoblauchzehen
1 Bund Petersilie
4 Tomaten
4 Scheiben Kalbsleber à 80 g
grobgemahlener schwarzer Pfeffer, Instant-Mehl
4 Scheiben durchwachsener Räucherspeck, Salz
1 Eßlöffel Butter
je 1 Teelöffel Thymian und Salbei
3 Likörgläser Cognac oder Weinbrand

Zwiebeln, Knoblauch und Petersilie getrennt fein hacken. Tomaten abziehen, Leber mit Pfeffer würzen und in Mehl wenden. Speck in Stielpfanne rösch ausbraten und herausnehmen. Tomaten mit wenig Flüssigkeit 5 Minuten dünsten, gut salzen und pfeffern. In dem Speckfett Leber auf jeder Seite 2 Minuten braten und mit Speck und Tomaten auf Platte anrichten. Mit Petersilie bestreuen. Zwiebeln im Bratfett mit Butter 2 Minuten braten. Mit Knoblauch, Thymian und Salbei in ein Butterpfännchen geben und auf dem Rechaud heiß halten. Cognac oder Weinbrand zugießen, erwärmen, anzünden und brennend über die Leber gießen. Kartoffelpüree oder Reis dazu reichen. Als Getränk paßt ein Rosé. (Foto vorhergehende Seite oben)

Tip: *Falls Sie Rindsleber verwenden, empfiehlt es sich, die Leber vor dem Braten 15 Minuten in Milch einzulegen: Sie wird dadurch zarter.*

◂ Kalbsnieren mit Gin

4 Portionen à 585 Kalorien

2 Kalbsnieren à 200 g
schwarzer Pfeffer
250 g frische Champignons
1 Zwiebel, 2 Eßlöffel Öl
2 Tassen Langkorn-Reis
4 Tassen Fleischbrühe (Würfel), 75 g geriebener Käse, 3 Eßlöffel süße Sahne
1 Bund Petersilie
2 Eßlöffel Butter oder Margarine, Salz
1/2 Weinglas Gin

Nieren in 1 cm dicke Scheiben schneiden, mit Pfeffer würzen. Champignons putzen, waschen, in Scheiben schneiden. Geschälte Zwiebel würfeln, in Öl gelb dünsten, Reis und Champignons zugeben, umrühren und mit Fleischbrühe auffüllen und 20 Minuten dünsten. Reis mit Käse, Sahne und feingehackter Petersilie verrühren und anrichten. Nieren in Stielpfanne in Fett auf beiden Seiten je 1–2 Minuten braten, salzen und auf dem Reis anrichten. Gin in die Pfanne geben, anzünden, abbrennen lassen und über die Nieren gießen. Grünen Salat hierzu reichen. Weißwein trinken. (Foto vorhergehende Seite unten)

Flambierte Bananen ▸

Butter in der Flambierpfanne aufschäumen lassen. Die geschälten Bananen hineingeben, mit braunem Zucker bestreuen, 2 Minuten braten. Rum darübergießen, entzünden und abbrennen lassen. 1/8 l Orangensaft dazugießen, Bananen gar dünsten. Heiß servieren. Als Beilage oder Dessert servieren. (Foto folgende Seite oben)

4 Portionen à 230 Kalorien

1 Eßlöffel Butter
4 Bananen
etwas brauner Zucker
1 Weinglas 54 %iger Rum
1/8 l Orangensaft

Flambiertes Hähnchen mit Teufelsoße

Hähnchen vom Rücken her aufschneiden und Rückgrat entfernen. Das Hähnchen klopfen, salzen und pfeffern. Geölte Grillpfanne erhitzen, Geflügel auf beiden Seiten grillen. Danach im vorgeheizten Backofen bei 225 Grad noch 25 Minuten garen. Für die Soße: Zwiebel schälen, fein hacken, mit grob gemahlenem schwarzen Pfeffer und Rotwein 3 Minuten kochen. Tomatenmark, Soßenpulver und Cayennepfeffer zugeben und Soße abschmecken. Gegrilltes Hähnchen mit Zitronenspalten, Grillsoße und Pommes frites servieren. Weinbrand in Schöpfkelle über Spiritusflamme erwärmen, anzünden und brennend über das Hähnchen gießen.

4 Portionen à 435 Kalorien

1 Hähnchen (ca. 1000 g)
Salz, Pfeffer
2 Eßlöffel Öl, 1 Zwiebel
1 Teelöffel grob gemahlener schwarzer Pfeffer, 1/4 l Rotwein
1 Eßlöffel Tomatenmark
2 Teelöffel Instant-Bratensoße
Cayennepfeffer
1/2 Weinglas Weinbrand

Flambierte Zwiebelsuppe ▸

Zwiebeln schälen und in feine Streifen schneiden. In Fett goldbraun und weich dünsten. Brühe, Wein und Gewürze zugeben und 10 Minuten kochen. Käse reiben, Brot dünn schneiden, im Backofen oder unter dem Grill rösten. Suppe in Tassen verteilen, mit Brot belegen und Käse darauf verteilen. Weinbrand in kleinem Butterpfännchen auf Rechaud erwärmen, anzünden und brennend auf die Suppe gießen. Dadurch soll der Käse schmelzen. Eventuell noch mit Rosenpaprika pikant abschmecken. (Foto folgende Seite unten)

4 Portionen à 390 Kalorien

1 kg Zwiebeln
3 Eßlöffel Butter oder Margarine
3/4 l Fleischbrühe (Würfel)
1/8 l Weißwein
je 1/4 Teelöffel gemahlener Kümmel und schwarzer Pfeffer
125 g Emmentaler Käse
Stangenbrot
4 Likörgläser Weinbrand

◂ *Indische Geflügelsuppe, flambiert*

4 Portionen à 350 Kalorien

2 Zwiebeln
50 g Schinkenspeck
2 Eßlöffel Öl, 1 gehäufter Eßlöffel Mehl
1 Apfel, 1 Banane
2 Teelöffel Curry
3/4 l Hühnerbrühe (Würfel)
1/3 Tasse Reis
2 gehäufte Eßlöffel Kokosraspel
1/4 l Milch, 1 Peperoni
etwas Sherry
2 Likörgläser Weinbrand

Feingehackte Zwiebeln und gewürfelten Schinkenspeck in Öl 3 Minuten dünsten. Mehl unterrühren, feingeriebenen Apfel, feingeschnittene Banane und Curry zugeben. Mit Hühnerbrühe auffüllen. Reis zugeben und 15 Minuten leicht kochen. Kokosraspeln in Milch erhitzen (nicht kochen!), 5 Minuten ziehen lassen, durchseihen und feingehackten Peperoni dazugeben. Mit Sherry abschmecken. Weinbrand in einer Kelle über einer Spiritusflamme erwärmen, entzünden, abbrennen lassen und unter die Suppe mischen. (Foto vorhergehende Seite oben)

Tip: *Sie können die Indische Geflügelsuppe auch mit 3 Likörgläsern Weinbrand oder mit derselben Menge Kirschwasser flambieren.*

◂ *Krabbensuppe mit Aquavit*

4 Portionen à 345 Kalorien

250 g gefrorene Krabben
1 Zwiebel, 1/4 Sellerieknolle
1 Stange Lauch
50 g Hummer- oder Krebsbutter
1 gehäufter Eßlöffel Mehl
3/8 l Milch, 1/2 l kräftige Fleischbrühe (Würfel)
2 Eßlöffel süße Sahne
1 Eigelb, 2 Teel. Speisestärke
1/2 Tasse Weißwein
Cayennepfeffer
Worcestersoße
1/2 Weinglas Aquavit

Krabben nach Vorschrift auftauen. Zwiebel, Sellerie und Lauch in sehr kleine Würfel schneiden und in Hummerbutter 4 Minuten dünsten. Mehl überstäuben, 1 Minute schwitzen lassen und zuerst mit Milch ablöschen, dann Brühe zugießen und langsam 25 Minuten kochen. Sahne, Eigelb, Speisestärke und Wein verquirlen, Suppe damit binden und nicht mehr kochen lassen. Mit Cayennepfeffer und Worcestersoße pikant abschmecken. Suppe servieren. Am Tisch abgetropfte Krabben auf einem Rechaud mit Aquavit erwärmen, anzünden und unter die Suppe mischen. (Foto vorhergehende Seite unten)

Esterhazy-Rostbraten

Die mit Salz und Pfeffer gewürzten Rostbraten in Pflanzenfett nicht ganz durchbraten. Slibowitz zugießen, anzünden (Achtung, hohe Flamme!) und abbrennen lassen. Das zuvor in Streifen geschnittene Gemüse in dem heißen Bratfett unter Rühren anschwitzen, milden Paprika überstreuen, mit Fleischbrühe aus Brühwürfeln auffüllen und zugedeckt auf kleiner Flamme 5 bis 10 Minuten kochen lassen, bis das Gemüse weich ist. Die saure Sahne mit Mehl verrühren, unter die Gemüsesoße rühren und kurz durchkochen lassen. Die Rostbraten in dieser abgeschmeckten Soße kurze Zeit ziehen, aber nicht kochen lassen. Teigwaren oder rösche Bratkartoffeln hierzu reichen.

4 Portionen à 600 Kalorien

4 Stücke Rostbraten à 150 g
Salz, Pfeffer
1 Eßlöffel Pflanzenfett oder Pflanzenöl
3 Likörgläser Slibowitz
2 Karotten
1 Stange Lauch, 2 Zwiebeln (alles in dünne Streifen schneiden)
1 Eßlöffel milder Paprika
1/4 l Fleischbrühe (Würfel)
1/4 l saure Sahne
2 Teelöffel Mehl

Flambierte Lammkoteletts

Die Artischockenböden abgießen. Lebermousse mit Cayennepfeffer und Weinbrand vermischen, in die Artischockenböden streichen, unter dem Grill 10 Minuten überbacken. Zwiebel, Knoblauch und Petersilie zusammen fein hacken, mit 1/2 Teelöffel Thymian vermischen. Öl in Pfanne erhitzen, mit Salz und Pfeffer gewürzte Koteletts auf jeder Seite etwa 4 Minuten braten. Zwiebelgemisch im Bratenfett 2 Minuten dünsten. Koteletts mit Artischockenböden umlegen und die Zwiebelmischung daraufgeben oder extra reichen. Mit erwärmtem, entzündetem Armagnac begießen, abbrennen lassen. Dazu schmecken grüne Bohnen gut.

4 Portionen à 900 Kalorien

8 Lammkoteletts
Salz, Pfeffer
1 Dose Artischockenböden
1 kleine Dose Lebermousse
Cayennepfeffer
2 Teelöffel Weinbrand
1 Zwiebel, 1 Knoblauchzehe
1/2 Bund Petersilie
Thymian, 2 Eßlöffel Öl
3 Likörgläser Armagnac

Flambierter Kräuterfisch

Makrelen in einer mit Alufolie ausgelegten Pfanne bei mittlerer Hitze auf jeder Seite ca. 3 Minuten garen. Fisch auf einer heißen Platte anrichten und mit den Kräutern bestreuen. Danach Fisch mit etwas Cognac übergießen. 1/4 Tasse Cognac in einer Suppenkelle erwärmen. Cognac entzünden und brennend über die Makrelen gießen. Sofort servieren.

4 Portionen à 145 Kalorien

4 Makrelen, Fenchelsamen
2 Teelöffel getrockneter Thymian
4 Teelöffel gehackte Petersilie
1/2 Tasse Cognac

Flambierte Aprikosen mit Vanille-Eiscreme

4 Portionen à 340 Kalorien

750 g reife, feste Aprikosen
1 Eßlöffel Butter
1 Teelöffel Zucker
3 Eßlöffel Aprikosenmarmelade
1/2 Weinglas Weinbrand
1/8 l Weißwein
8 Kugeln Vanille-Eiscreme

Aprikosen waschen, abtrocknen, halbieren und entkernen. Pfanne auf einem brennenden Rechaud erhitzen. Butter und Zucker hineingeben, rühren und hellgelb schmelzen lassen. Aprikosen und Aprikosenmarmelade hinzufügen und 1 Minute dünsten. Mit Weinbrand übergießen, anzünden und abbrennen lassen. Danach den Weißwein dazugießen und die Aprikosen noch 3–4 Minuten kochen. Vanille-Eiscreme in 4 Gläser verteilen, die heißen Aprikosen darübergeben, sofort servieren. Oder das Vanilleeis nach dem Flambieren direkt in die Flambierpfanne geben, schmelzen lassen und Aprikosen mit der Eiscreme dann erst in Gläser verteilen und servieren.

Tip: *Herb-würzig werden die Aprikosen mit Vanille-Eiscreme, wenn Sie einige aufgeschlagene Aprikosensteine mitkochen.*

Flambierte Bananen mit Orangen

4 Portionen à 240 Kalorien

4 Bananen
1/2 Eßlöffel Butter oder Margarine
1 Eßlöffel Zucker
3 Orangen
Saft von 1/2 Zitrone
2 Likörgläser Cointreau, Grand Marnier oder Curaçao
1 Eßlöffel gewürfelte Trockenfrüchte (Zitronat, Orangeat, Kirschen)
1 Likörglas Weinbrand

Bananen schälen, Fett erhitzen, den Zucker darin hellgelb werden lassen und die Bananen mit dem Saft von 1 Orange darin dünsten. Die restlichen geschälten Orangen in Würfel schneiden, mit den Bananen kurz erhitzen. Zitronensaft, Likör und Trockenfrüchte zugeben und anrichten. Weinbrand in eine Schöpfkelle geben, Kelle über offener Flamme erhitzen, Alkohol entzünden und brennend über die Früchte gießen. Bananen auf einer vorgewärmten Platte anrichten und schließlich mit den übrigen Früchten und der heißen Soße übergießen.

Hasenschlegel „St. Hubertus"

4 Portionen à 695 Kalorien

2 Hasenschlegel
Salz, Pfeffer
2 Scheiben Frühstücksspeck
2 Eßlöffel Öl, 1 Zwiebel
1 Lorbeerblatt
5 Wacholderbeeren
1/8 l Rotwein
1/8 l süße Sahne
1 Teelöffel Mehl
1 Dose (250 g) Maronenpüree, 2 Äpfel
1 Teelöffel Zucker
einige Weintrauben
Für die Kartoffelbällchen:
500 g Kartoffeln
2 Eier, etwas Muskat
25 g grob gehackte Haselnüsse
3 Likörgläser Kirschwasser

Die Hasenschlegel enthäuten, salzen und pfeffern. Mit Speckscheiben umwickeln und mit Garn binden. Das Fleisch in heißem Öl ringsum anbraten. Gewürfelte Zwiebel, Lorbeerblatt und Wacholderbeeren zugeben und im Backofen bei 190 Grad 1 Stunde braten. Vor dem Ansetzen den Bratensatz mit Rotwein ablöschen. Bratensatz zuletzt mit Sahne, mit Mehl verquirlt, aufkochen und durchpassieren. Maronenpüree erwärmen. Äpfel schälen, halbieren, entkernen, mit Zucker bestreuen und unter dem Grill weich werden lassen. Mit Maronenpüree füllen und mit Trauben garnieren. Für die Kartoffelbällchen: Kartoffeln schälen, kochen, durchpassieren. Mit 2 Eigelb, etwas Salz und Muskat vermischen. Aus der Masse Bällchen formen, in Eiweiß wenden, in Haselnüssen wälzen, bei 180 Grad in Fett schwimmend ausbacken. Von den Hasenschlegeln das Garn entfernen. Schlegel anrichten, mit Äpfeln und Trauben garnieren. Kirschwasser in Butterpfännchen oder Schöpfkelle über Spiritusflamme anwärmen, anzünden und über die Hasenkeulen gießen. Beilagen: Rosenkohl oder Rotkraut.

Hähnchen „Hispalis"

4 Portionen à 535 Kalorien

1 Hähnchen, Salz, Pfeffer
1/2 Teelöffel Thymian
3 Eßlöffel Olivenöl oder anderes Pflanzenöl
1 grüne oder rote Paprikaschote
1/2 Weinglas spanischer Weinbrand
1/2 Weinglas Sherry
1 kleine Dose (1/2) abgezogene Tomaten
1 Teelöffel Instant-Bratensoße
12 gefüllte Oliven
1 kernlose Orange

Hähnchen waschen, abtrocknen, vierteln und würzen. In heißem Öl ringsum anbraten. In Streifen geschnittenen Paprika zugeben und halb zugedeckt 20 Minuten braten. Weinbrand zugießen, anzünden und abbrennen lassen. Mit Sherry, Portwein oder Madeira ablöschen, etwas einkochen. Tomaten mit Saft zugeben, Bratensoßenpulver einrühren und noch 5 Minuten schmoren. Oliven und aus den Bindehäuten geschnittene Orangenfilets untermischen und mit Reis servieren. Unter den Reis Olivenscheiben und nach Wunsch noch geriebenen Parmesan-Käse mischen. Und dazu Feldsalat, mit Zwiebelwürfeln, Pfeffer und saurer Sahne angemacht, reichen.

Aal in Salbei mit Petersilienkartoffeln und Gurkensalat

Gewaschene, gesalzene und gepfefferte Aalstücke 30 Minuten mit Zitronensaft marinieren. Abgetupft in Mehl wenden. Bei mittlerer Hitze ca. 10 Minuten in Öl braten. Das ausgebratene Fett weggießen. Die Butter und die frischen Salbeiblätter zum Aal geben und noch 3 Minuten weiterbraten. Zuletzt Slibowitz zugießen, anzünden und unter Rütteln der Pfanne abbrennen lassen. Aal auf einer vorgewärmten Platte anrichten. Dazu passen Petersilienkartoffeln und mit Dill abgeschmeckter Gurken-Kopfsalat, der in pikanter Sahnesoße angemacht wird.

4 Portionen à 560 Kalorien

750 g abgezogener und ausgenommener Aal
Salz, Pfeffer
Saft von 1/2 Zitrone
2 Eßlöffel Instant-Mehl
3 Eßlöffel Öl
1 Eßlöffel Butter
12 frische Salbeiblätter
3 Likörgläser Slibowitz

Flambierter Plumpudding

Rindernierenfett kleinschneiden. Brösel untermischen. Trockenfrüchte heiß abspülen, klein würfeln. Apfel schälen, entkernen, würfeln; Mandeln grob hacken. Alle festen Zutaten locker untermischen. Zitronensaft, Eier, Weinbrand, Rum und Bier verquirlen und unter die Puddingmasse geben. Gut mischen, in Keramiktopf geben und 2–14 Tage durchziehen lassen. $1^1/_2$ l-Form oder Schüssel aus Weißblech oder Keramik ausfetten und mit Mehl ausstäuben. Puddingmasse fest eindrücken. Gefettetes Papier darauflegen. Mit Tuch abdecken und zubinden. Etwa 3 Stunden in schwach kochendem Wasserbad garen. Oder im Schnellkochtopf 1 Stunde kochen. Gegarten Pudding auf Platte stürzen, mit Würfelzucker belegen. Rum in einem Töpfchen erwärmen, anzünden und brennend über den Plumpudding gießen. So erhält diese englische Spezialität ein feines Aroma.

8 Portionen à 700 Kalorien

200 g Rindernierenfett
200 g Weißbrot- oder Graubrotbrösel
600 g gemischte Trockenfrüchte (z. B. je 100 g Korinthen, Sultaninen, Feigen, entkernte Trockenpflaumen und je 50 g Zitronat und Orangeat)
1 Apfel, 50 g ungeschälte Mandeln, 100 g Mehl
1 Eßlöffel Zimt
je 1 gestrichener Teelöffel Nelken
Ingwer, Kardamom und Salz, 100 g Zucker (braun oder weiß)
Saft und Schale von 1 Zitrone, 2 Eier
je 1/4 Tasse Weinbrand, Rum und dunkles Bier

Flambierte Früchte auf Eiscreme ▸

4 Portionen à 590 Kalorien

1 Eßlöffel Butter
4 Eßl. Zucker, Saft von
2 Orangen und 1 Zitrone
1 Packung tiefgekühlte Himbeeren
2 Bananen
4 Likörgläser Rum
1 Packung Fürst-Pückler-Eis

Das Fett zerlassen, Zucker darin hellgelb schmelzen. Orangen- und Zitronensaft, Himbeeren und Bananenscheiben zugeben, kurz erhitzen. Rum, Kirschwasser oder Weinbrand zugeben, anzünden und die Früchte brennend über das angerichtete Eis gießen.

Flambierte Pfirsiche

4 Portionen à 195 Kalorien

4 reife, feste Pfirsiche
6 Stückchen Würfelzucker
2 ungespritzte Orangen
1 Eßlöffel Butter
1 Eßlöffel Zucker
1 Weinglas Orangenlikör

Pfirsiche kurz in kochendes Wasser tauchen, abziehen, halbieren und entkernen. Würfelzucker an der Orangenschale reiben, bis die Stücke völlig von dem Orangenöl der Schale durchzogen sind. Flambierpfanne auf das brennende Rechaud setzen und erhitzen. Butter hineingeben, aufschäumen lassen. Zucker hinzufügen und zu goldgelbem Karamel kochen. Orangensaft, Würfelzucker und Pfirsiche hineingeben und kochen, bis der Saft sirupartig ist. Mit Orangenlikör übergießen, anzünden und abbrennen lassen.

Omelett mit Rum flambiert ▸

4 Portionen à 270 Kalorien

5–6 Eier
2–3 Eßlöffel Milch
1 Prise Salz
1 Eßlöffel Butter oder Margarine
3–4 Eßlöffel Aprikosenmarmelade
Rum (54 %iger)
2 Eßlöffel Zucker
2–3 Scheiben Ananas

Eier mit Milch und Salz gut verquirlen. Fett in einer Pfanne aufschäumen lassen. Eimasse hineingeben und mit der Gabel rühren, dabei die Pfanne schütteln. Die leicht gestockte Eimasse oval zusammenschieben. Aprikosenmarmelade mit 2 Eßlöffel Rum verrühren, in die Mitte des Omeletts geben. Die Omelettränder darüberschlagen, auf eine heiße Platte stürzen und das Omelett mit Zucker bestreuen. Eventuell mit einem glühend gemachten Eisenstab (im Fachhandel erhältlich!) ein Gittermuster auf das Omelett brennen. Ca. 2 Likörgläser Rum in eine kleine erwärmte Schöpfkelle geben, entzünden, brennend darübergießen. Omelett mit Ananas umlegen, sofort servieren.

Cumberland-Bananen

4 Portionen à 260 Kalorien

4 Bananen
gemahlener weißer Pfeffer
1 Eßlöffel Butter
oder Margarine
6 Scheiben gekochter Schinken, 2 Teelöffel Senf
1/2 Weinglas Cherry
oder Brombeer-Likör
Cumberland-Soße

Bananen schälen und gut pfeffern. Butter oder Margarine in einer Pfanne aufschäumen lassen. Bananen darin 3 Minuten bei mittlerer Hitze braten. Schinkenscheiben auf einer Seite mit Senf bestreichen, Bananen darin einwickeln. In eine feuerfeste Form setzen. Im vorgeheizten Backofen bei 200 Grad 20 Minuten garen. Zuletzt mit Likör umgießen, anzünden und abbrennen lassen. Heiß mit kalter Cumberland-Soße servieren. Dazu schmeckt eine Scheibe Toast.

Flambierte Maischollen

4 Portionen à 410 Kalorien

4 frische Schollen
2 Zitronen
Salz, Mehl
6 Eßlöffel Pflanzenöl
1 Eßlöffel Butter
oder Margarine
1/4 Dose (110–120 g)
Krabben,
etwa 1/2 Bund Kerbel
4 Likörgläser Aquavit

Vorbereitete Schollen mit Saft von 1 Zitrone und Salz 10 Minuten marinieren. Den Backofen auf 225 Grad erhitzen. Schollen in Mehl wenden und in der Fettpfanne im heißen Öl auf jeder Seite 6 Minuten braten. Vorsichtig wenden! Butter in einer Pfanne aufschäumen lassen, Krabben kurz darin erhitzen und über die angerichteten Schollen geben. Mit Zitronenscheiben und Kerbel garnieren. Am Tisch mit erwärmtem, angezündetem Aquavit übergießen, abbrennen lassen. Dazu Kartoffeln und grünen Salat servieren.

Brennender Käsetoast

4 Portionen à 500 Kalorien

8 Scheiben Toastbrot
1 Eßlöffel Butter
8 Scheiben
Allgäuer
Emmentaler
4 Scheiben
gekochter Schinken
4 halbe Kompottbirnen
aus der Dose
3 Likörgläser Rum
(54 % oder stärker)
2 Eßlöffel Preiselbeeren
etwas schwarzer Pfeffer

Das Brot toasten, etwas abkühlen lassen, dann mit der Butter bestreichen. Käse- und Schinkenscheiben darauflegen und die Schnitten auf das Grillgitter des Backofens legen. Die Schnitten in dem auf 250 Grad vorgeheizten Backofen 7 bis 8 Minuten backen. Inzwischen die Kompottbirnen im Kompottsaft erhitzen. Je 2 Käsetoaste übereinander auf die Teller legen, darauf eine halbe Birne. Die mit Rum erwärmten, angezündeten und abgebrannten Preiselbeeren in die Birnen füllen. Mit Pfeffer bestreut servieren, solange die Schnitten schön heiß sind. Und dazu einen leichten, herben Weißwein trinken.

Flambierte Erdbeeren mit Ananas ▸

Erdbeeren kurz waschen, entstielen und gut abtropfen lassen. Ananas in ein Sieb schütten und Saft auffangen. Am Tisch: Butter in einer Pfanne erhitzen, Zukker hineinstreuen und rühren, bis er geschmolzen ist. Ananassaft dazugießen, 3 Minuten kochen lassen und die Früchte hineinlegen. Etwa 1 Minute dünsten und nacheinander Zitronensaft, Ingwer und Rum dazugeben. Den Alkohol entzünden, abbrennen lassen und die warmen Früchte zu Schokoladen-Eiscreme servieren. (Foto folgende Seite oben links)

4 Portionen à 160 Kalorien

125 g frische Erdbeeren
1/2 Dose Ananas in Stücken
1 Eßlöffel Butter
1 Eßlöffel brauner Zucker
Saft von 1/2 Zitrone
1 Löffelspitze gemahlener Ingwer, etwa 3 Likörgläser Rum

Ananasscheiben flambiert ▸

Ananasscheiben abtropfen lassen. Zucker in zerlassener Butter hellgelb schmelzen lassen. Ananas hineingeben und 3 Minuten erhitzen. Alkohol zugießen, entzünden und unter leichtem Rütteln der Flamme abbrennen lassen. Sahne zugeben, verkochen lassen. Anrichten und servieren. Eventuell Vanille-Eiscreme dazu reichen. (Foto folgende Seite unten rechts)

4 Portionen à 280 Kalorien

1/1 Dose Ananasscheiben
2 gehäufte Eßlöffel Zucker
1 Eßlöffel Butter
3 Likörgläser Brombeerlikör
2 Likörgläser Weinbrand
4 Eßlöffel süße Sahne

Flambierte Mandarinencreme ▸

Eigelb mit Zucker verrühren. Gelatine in kaltem Wasser quellen lassen. Mandarinensaft aufkochen, Gelatine darin auflösen und unter die Eimasse schlagen, kalt stellen. Kurz vor dem Stocken Eischnee unterheben. Kalt stellen, bis die Creme gestockt ist. Mit Mandarinenspalten garnieren. Sultaninen, Backpflaumen, Mandeln, Zucker und Weinbrand in einer Pfanne auf dem Rechaud erwärmen, anzünden, abbrennen lassen und getrennt zur Creme reichen oder – brennend – über die Creme gießen. (Foto folgende Seite unten links)

4 Portionen à 300 Kalorien

3 Eier
25 g Zucker
5 Blatt helle Gelatine
1 Dose Mandarinen
1/4 l Mandarinensaft
50 g Sultaninen
10 Backpflaumen
25 g geschälte Mandeln
1 Eßlöffel Zucker
4 Likörgläser Weinbrand

Flambierte Crêpes mit Himbeeren: Foto folgende Seite oben rechts, Rezept Seite 131.

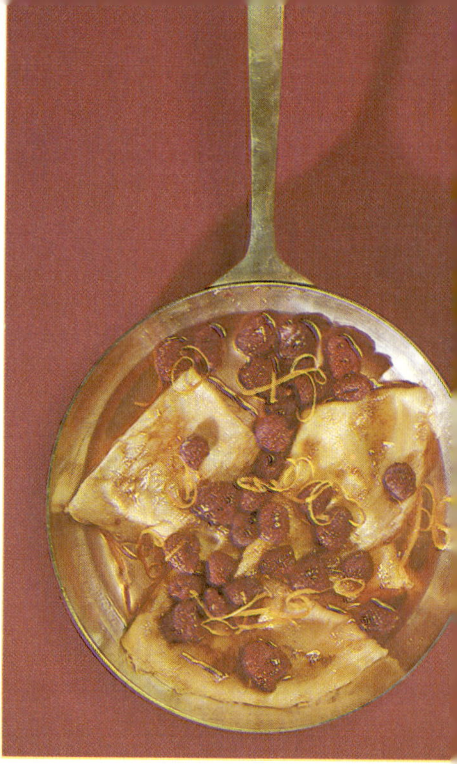

Seit 1844

◂ *Crêpes Suzette*

4 Portionen à 800 Kalorien

175 g Mehl
1 Prise Salz
1/4 l Milch
3 Eier
100 g Butter
10 Stück Würfelzucker
3–4 Orangen
1 Zitrone
2 Eßlöffel Zucker
2 Weingläser Orangenlikör
2–3 Likörgläser alter Weinbrand oder Cognac

Mehl und Salz in eine Schüssel geben. Milch und Eier hinzufügen und zu einem dünnflüssigen Pfannkuchenteig rühren. 2 Eßlöffel zerlassene Butter darunterschlagen. Von diesem Teig 8 dünne Pfannkuchen braten, ohne dabei Fett in die Pfanne zu geben. Orangen- und Zitronenschale (von ungespritzten Früchten!) mit Würfelzucker abreiben und die Früchte auspressen. Die übrige Butter in einer Kupferpfanne auf Spiritus-Rechaud zerlassen. Zucker und Würfelzucker darin schmelzen lassen. Orangen- und Zitronensaft dazugießen und unter Rühren etwas einkochen lassen. Orangenlikör dazugeben und die Pfannkuchen hineinlegen. Mit einer Gabel einige Male wenden, zweimal zusammenfalten und in der Pfanne kreisförmig anordnen. Mit Weinbrand oder Cognac übergießen. Pfanne schräg halten, so daß sich der Alkohol an der Spiritusflamme entzündet, und Crêpes brennend servieren. (Foto vorhergehende Seite oben)

◂ *Crêpes Artemis*

4 Portionen à 900 Kalorien

100 g Mehl
1 Päckchen Vanillinzucker
1 Prise Salz
1/4 l Milch
3 Eier
150 g Butter
150 g Nougat
1 Packung Vanille-Eiscreme à 250 g
1 Eßlöffel Zucker
Saft von 2 Orangen
etwas abgeriebene Orangenschale
1 Weinglas Himbeergeist oder Kirschwasser

Mehl, Vanillinzucker und Salz in eine Schüssel geben. Milch, 2 Eier und 1 Eigelb dazurühren, so daß ein dünnflüssiger Pfannkuchenteig entsteht. 50 g zerlassene Butter darunterschlagen. Von diesem Teig 8 dünne Pfannkuchen braten, ohne dabei Fett in die Pfanne zu geben. Pfannkuchen auskühlen lassen. Nougat im heißen Wasserbad geschmeidig rühren. Pfannkuchen damit bestreichen und dabei einen 2 cm breiten Rand freilassen. Eiscreme in 8 gleichmäßige Stücke schneiden und in die Mitte der Pfannkuchen geben. Am Rand mit Eiweiß bepinseln, aufrollen und etwa 10 Minuten in das Gefrierfach legen. Restliche Butter in einer flachen Pfanne zerlassen, Zucker darin schmelzen und hellgelb werden lassen. Orangensaft und -schale zugeben und die Soße unter Rühren etwas einkochen lassen. Pfannkuchenrollen hineinlegen und mit Himbeergeist oder Kirschwasser übergießen. Anzünden, abbrennen lassen und sofort servieren, dabei mit einigen Orangenschalestreifen garnieren. (Foto vorhergehende Seite unten)

Flambierte Hafermarkpfannkuchen

Das Hafermark oder sehr feine Haferflocken mit der Milch, Eiern, Zucker und Salz verrühren, einige Minuten stehen lassen. Im heißen Fett kleine Pfannkuchen ausbacken und auf eine feuerfeste Platte legen. Pfannkuchen mit Orangenmarmelade bestreichen, mit Whisky übergießen und am Tisch flambieren.

4 Portionen à 600 Kalorien

200 g Hafermark
4 Tassen Milch
4 Eier
2 Eßlöffel Zucker
1 Prise Salz
100 g Butter oder Margarine
4 Eßlöffel Orangenmarmelade (möglichst bittere)
1 Likörglas Whisky

Tip: *Crêpes sind feine, in Butter gebratene Eierkuchen, eine Spezialität der klassischen französischen Küche.*

Flambierte Crêpes mit Himbeeren

Himbeeren verlesen, waschen, gut abtropfen lassen. Mehl, Salz und Zucker mit Wasser verrühren und die Eier hinzufügen. Alles gut vermischen. 1 Eßlöffel Butter zerlassen, in den Teig rühren und in einem zweiten Eßlöffel Butter sehr dünne und gleichmäßig große Pfannkuchen backen. Dünn abgeschälte Orangenschale in feine Streifen schneiden und Orangensaft auspressen. Am Tisch: 1 Eßlöffel Butter in der Pfanne zerlassen, den Zucker hineinstreuen und umrühren, bis er goldbraun ist. Den Orangensaft dazugießen, einmal aufkochen. Die zweimal zusammengefalteten Pfannküchlein, Crêpes genannt, ebenfalls in die Pfanne legen. Orangenschale und Himbeeren dazwischenlegen, kurz erhitzen und dann mit dem Himbeergeist übergießen. Den Alkohol schnell entzünden, verlöschen lassen und Crêpes servieren. Nuß-Eiscreme dazu reichen. (Foto Seite 128, oben rechts)

4 Portionen à 370 Kalorien

250 g Himbeeren
100 g Mehl
1 Prise Salz
1 Teelöffel Zucker
1/4 l Wasser
3 Eier
3 Eßlöffel Butter
1 Orange
etwa 2 Eßlöffel Zucker
1/2 Weinglas Himbeergeist

Ingwer-Äpfel

4 Portionen à 140 Kalorien

4 große, schöne Äpfel
2 Eßlöffel Sultaninen
1 Teelöffel gehackter Ingwer (in Sirup)
1/2 Teelöffel Zimt
etwas Nelkenpulver
1 Teelöffel Honig
Vanillinzucker
4 Eßlöffel Weinbrand

Äpfel ausstechen und den Rand ringsum 1/2 cm tief waagrecht einschneiden. Sultaninen mit gehacktem Ingwer, Zimt, Nelkenpulver und Honig vermischen. Äpfel auf 4 Stücke extra starke Alufolie setzen, mit Sultaninen füllen und mit je 1 Eßlöffel Weinbrand übergießen. Etwas Vanillinzucker darüberstreuen. Die Folie gut an den Rändern hochstellen, damit der austretende Saft nicht entweichen kann. In der Backröhre bei 200 Grad 25 Minuten garen. Danach mit je 1 Likörglas Weinbrand begießen, entzünden, abbrennen lassen. Äpfel servieren.

Bosnische Äpfel

4 Portionen à 270 Kalorien

4 Äpfel
1/2 Tasse Rosinen
1 gestrichener Teelöffel gemahlener Ingwer
1 Weinglas Slibowitz
4 Teelöffel Butter

Äpfel waschen, ausstechen. Schale ringsum 1/2 cm tief einritzen, Rosinen heiß waschen, mit Ingwer und 1/3 Glas Slibowitz vermischen, in die Äpfel drücken. Äpfel auf feuerfeste Platte setzen. Butter darauflegen. Im vorgeheizten Backofen bei 200 Grad ca. 25 Minuten backen. Slibowitz erwärmen, anzünden und brennend über die Äpfel gießen.

Vanilleeis mit flambierten Früchten

4 Portionen à 470 Kalorien

1/1 Dose gemischte Früchte
1 Eßlöffel Butter oder Margarine
1 Eßlöffel Zucker
1 Weinglas Himbeergeist oder Kirschwasser
1 Haushaltspackung Vanille-Eiscreme

Früchte gut abtropfen lassen. Fett in einer Pfanne zergehen lassen, Zucker darin hellgelb schmelzen, mit dem Fruchtsaft ablöschen, einkochen und die Früchte zugeben. Himbeergeist oder Kirschwasser drübergießen. Alkohol entzünden, abbrennen lassen. Früchte auf Tellern servieren und je 1 Stück Vanilleeis darauflegen. Eis mit Früchten garnieren. Gebäck dazu reichen.

Inhaltsverzeichnis der Gerichte mit ...

Geflügel

Gemüse

Innereien

Käse

Obst

Kalorien auf einen Blick

Fleisch, Innereien, je 100 g	**Kalorien**
Rinderfilet	126
Rinderkeule	205
Schweinefilet	176
Schweinekeule	362
Schweinekotelett	358
Schweineschnitzel	168
Hackfleisch, gemischt	316
Kalbsfilet	105
Kalbskeule	103
Kalbskotelett	125
Kalbsschnitzel	108
Hammelkotelett	370
Leber	144
Geflügel, Schinken, Wurst, je 100 g	
Brathuhn	144
Huhn, Brust	109
Speck, fett	855
Speck, durchwachsen	658
Schinken, gekocht	282
Schinken, roh	395
Bratwurst	350
Wiener Würstchen	264
Fleischwurst	315
Fische, je 100 g	
Seezunge	90
Heilbutt	98
Shrimps	74
Forelle	52
Scholle	47
Gemüse, Kartoffeln, Reis, je 100 g	
Champignons	24
Paprika, frisch	28
Tomaten	19
Zwiebeln	45
Kartoffeln	85
Reis	368
Obst, je 100 g	
Ananas	57
Ananas, Dose	95

Äpfel	52
Aprikosen	50
Aprikosen, Dose	93
Bananen	90
Erdbeeren	39
Himbeeren	40
Pfirsiche	46
Pfirsiche, Dose	79
Orangen	54

Brot, je 100 g

Weißbrot	260
Graubrot	250
Vollkornbrot	240
Knäckebrot	380

Fertigsoßen, je 100 g

Fondue-Relish	150
Barbecue-Relish	170
Mexican-Relish	130
Exotic-Relish	150
Tomaten-Ketchup	110
Schaschlik-Sauce	100
Barbecue-Sauce	90
Chili-Sauce	90

Fette, Öle, Mayonnaise

Butter (100g)	755
Margarine (100 g)	750
Öl (1 Eßlöffel)	93
Mayonnaise (100 g)	758
Salatmayonnaise 100 g)	502

Alkoholische Getränke

Weißwein (1/8 l)	80
Sekt (0,1 l)	95
Cognac (2 cl)	47
Gin (2 cl)	50
Kirschwasser (2 cl)	60
Rum (2 cl)	70
Whisky (2 cl)	50
Cointreau (2 cl)	85
Grand Marnier (2 cl)	85

Inhaltsverzeichnis nach Gruppen

Fondues

Alphabetisches Inhaltsverzeichnis